Pleins feux sur votre vie

Cheryl Richardson

Adapté de l'anglais
par Lou Lamontagne

Coélette

Titre original anglais : Stand up for your life

Coédition pour la traduction française Éditions AdA Inc. et Les Éditions Goélette
Cette édition est publiée en accord avec Bantam Press, une division de Transworld Publishers

Traduction : Lou Lamontagne
Révision : Jennifer Préfontaine, Nancy Coulombe
Typographie et mise en page : Sébastien Rougeau
Graphisme de la page couverture : Louis Lachance, Sébastien Rougeau

ISBN 2-89565-040-3
Première impression : 2003
Dépôt légal : troisième trimestre 2003
Bibliothèque Nationale du Québec
Bibliothèque Nationale du Canada

Éditions AdA Inc.
1385, boul. Lionel-Boulet
Varennes, Québec, Canada, J3X 1P7
Téléphone : 450-929-0296
Télécopieur : 450-929-0220
www.ADA-INC.com
INFO@ADA-INC.COM

Les Éditions Goélette
600, boul. Roland-Therrien
Longueuil, Québec, Canada J4H 3V9
Téléphone : 450-646-0060
Télécopieur : 450-646-2070

Diffusion

Canada : Éditions AdA Inc.
France : D.G. Diffusion
Rue Max Planck, B. P. 734
31683 Labege Cedex
Téléphone : 05-61-00-09-99
Suisse : Transat - 23.42.77.40
Belgique : D.G. Diffusion - 05-61-00-09-99

Imprimé au Canada

Participation de la SODEC.
Nous reconnaissons l'aide financière du gouvernement du Canada par l'entremise du Programme d'aide au développement de l'industrie de l'édition (PADIÉ) pour nos activités d'édition
Gouvernement du Québec - Programme de crédit d'impôt pour l'édition de livres - Gestion SODEC.

Catalogage avant publication de la Bibliothèque nationale du Canada

Richardson, Cheryl

Plein feux sur votre vie

Traduction de : Stand up for your life.
Publ. en collab. avec : Éditions Goélette.

ISBN 2-89565-040-3

1. Actualisation de soi 1. Titre.

BF637.S4R5714 2003 158.1 C2003-941103-6

Pleins feux sur votre vie

De la même auteure

Prenez le temps de vivre votre vie
Reprenez votre vie en main

Pleins feux sur votre vie

CHERYL RICHARDSON

À Michael, mon époux, l'homme dont l'amour et le soutien me permettent de réaliser pleinement mon potentiel.

À Ann Richardson, ma mère, qui a instillé en moi le respect de la vie dans toutes ses manifestations.

À John Richardson, mon père, qui m'a montré comment faire connaître mon travail au reste du monde.

REMERCIEMENTS

J'AI LA CHANCE INCOMMENSURABLE DE POUVOIR écrire et publier les fruits de mon travail, privilège que je ne tiens jamais pour acquis. Aux gens formidables qui m'appuient dans mes efforts et me donnent cette capacité d'aider les autres, je désire dire ici toute ma profonde gratitude et mon appréciation.

J'aimerais remercier tout d'abord Marilyn Abraham, qui constitue encore et toujours la force qui guide mon écriture. Merci de ton amitié et merci de me procurer l'inspiration qui me permet de donner le meilleur de moi-même. Tu continues d'être l'ange gardien qui sait si bien apaiser cette peur paralysante qui s'empare parfois de mes doigts. Tu as tout mon amour et ma tendresse.

Michelle Burford a aidé à mettre ce livre au monde. Merci de ton dévouement de ton intégrité, et de toujours me rappeler à quel point il importe de savoir demander et recevoir de l'aide. Tu as inspiré chacune des pages de cet ouvrage.

Ginger Burr est une amie chère qui a aidé non seulement à donner forme au manuscrit, mais qui a aussi passé plus d'une nuit à m'écouter encore et encore lui soumettre mes idées. Merci de ton amour, de ton amitié et d'avoir régulièrement défrisé mes télécopies. Et un merci tout spécial à Patty Portwine pour avoir pris soin de nous deux. Les commentaires de Fran Massey, à la dernière étape de préparation du présent livre, ont été inestimables. Merci d'avoir pris le temps, malgré ton horaire très chargé, d'apporter de précieuses améliorations à ce livre (et tous mes remerciements à Nick Massey pour avoir télécopié toutes ces pages !). Tout mon amour et ma gratitude à Shirley Anderson, femme d'une grande sagesse et coach extraordinaire, qui m'aide toujours à retrouver mon centre spirituel quand je m'en écarte. Je t'aime, Yoda.

Amanda Urban, de ICM, est une agente littéraire aux talents inestimables. Merci de m'avoir si bien représentée et si bien conseillée. En travaillant avec toi, j'ai appris beaucoup de choses sur la façon de miser sur ma vie. Merci également à John DeLaney, Helen Shabason, Karen Kenyon et Margaret Halton, qui se sont occupé de mes besoins littéraires et télévisuels – votre soutien est grandement apprécié ! Et un merci très spécial à mon avocat Mark Lawless, qui travaille avec moi depuis les tout débuts. Tu es irremplaçable.

Mon éditeur, Dominick Anfuso, est un homme à nul autre pareil. Non seulement accomplit-il son travail de façon exceptionnelle, mais il possède aussi un grand cœur et un solide sens de l'humour. Merci d'avoir cru en moi et rendu le processus de publication si agréable (sans oublier tous ces éclats de rire !). Toute ma gratitude à Carisa Hays pour son professionnalisme et pour s'être si bien occupée de mes besoins publicitaires, et à Kristen McGuiness pour son soutien et sa bonne humeur. Merci également à Rachel Burd et à Carol de Onís de leur expertise en matière de révision. Les fautes de grammaire sont toutes de moi !

J'aimerais dire ma profonde appréciation pour les hommes et les femmes de Harpo Productions, qui ont œuvré à la réalisation des séries Reprenez votre vie en main. Ces personnes hautement talentueuses travaillent très fort pour présenter à la télévision les meilleures émissions permettant aux gens de transformer leur vie. Merci à Katy Murphy Davis de s'être imposée des normes aussi élevées, et toute ma tendresse à Jack Mori, Cindy Mori, Stacy Strazis, Danette Kubanda, Andrea Wishom et Jen Todd Gray – vous êtes les champions de l'industrie !

Un merci très spécial à Oprah Winfrey, qui place la barre sans cesse plus haute et qui constitue l'exemple à suivre. Son apport demeure exceptionnel.

Jan Silva, mon bras droit, est la femme la plus gentille et la plus calme que je connaisse. Merci de ton dévouement et de ton amour. Tu m'aides à garder ma vie en équilibre et je n'en reviens toujours pas d'avoir la chance de te connaître. Merci à ma judicieuse et intelligente webmestre Laura Franklin, ainsi qu'à mon génie financier, Robin Gillette. Tous mes tendres remerciements à Heidi Krupp, publiciste dont l'énergie et l'enthousiasme pourraient éclairer tout Manhattan – tu n'en finis pas de m'étonner.

Mille mercis à l'équipe de Transworld Publishers, en particulier à mes merveilleux éditeurs Brenda Kimber, Larry Finlay et Helen Edwards. Merci également à Reid Tracy et Danny Levin pour leur amour et leur soutien et à tout le personnel de Hay House.

Je tiens à exprimer ma gratitude à mon équipe de télévision à Oxygen, à Gerri Laybourne et à tous les formidables membres du personnel ! Et un merci particulier à Linda Corradina et à Michelle Hord pour votre patience et votre compréhension pendant que je mettais la dernière main au livre.

Mes remerciements à l'équipe de mon lieu de retraite préféré, Miraval Life in Balance à Catalina, en Arizona. Tout mon amour et ma gratitude à Joseph Denucci (l'un des hommes les plus sages que je connaisse), Wyatt Webb, Joe MacDonald et tous les membres de leur incroyable personnel.

Je voudrais exprimer ma profonde reconnaissance aux écrivains de mon entourage qui soutiennent mon travail et ma démarche d'écriture : Joan Borysenko, Terry Real (merci, mon ami, de me rappeler comment apprécier cet espace enchanté qu'est l'écriture), Andy Carroll, James Van Praagh, Brian Weiss, Joann Davis, Debbie Ford (une véritable sœur pour moi dans ma démarche de soins personnels), Loretta LaRoche, Julie Morgenstern, Alan Clements. Un merci très spécial à SARK pour la trousse de l'écrivain – elle a sauvé mon âme !

Je remercie les gens qui ont fourni des ressources et des services pendant l'écriture du présent ouvrage : Jonathan Berg, Gregg de Mad Martha, Ann Lee pour l'utilisation du Walton's Ocean Front, mes amis à Jabberwocky Books, Linda Novotny, Ania O'Connor, Alison Shaw, Christine Misiano-Cornelisse, Carol Look, Barry Crites, Lynn McCann, Beth Garland et la bande du Plum Island Workshop, qui m'ont aidée à donner une orientation au livre ! Merci également à Tan Doan et à Gam Nguyen de Viet Grille pour leurs succulents plats ainsi qu'à Diane de la Nutcracker Bakery, pour les meilleurs biscuits aux brisures de chocolat du monde entier !

Je tiens à exprimer ma profonde gratitude à mes amis proches pour leur soutien de tous les instants. Je vous aime tous : Chris et Greg Barnes, Stacy Brice, Stephen Cluney, Sharon Day, Deirdre DiDonna, Aryn Ekstedt, Rich et Kathy Fettke, Connie Kelley, Bruce Kohl, Nancy Levin, Kelly O'Brien, Ed Shea, Steve Shull, Debbie Stier, Niravi Payne ainsi que mon groupe de dialogue : Nanna, Helen, Ro, Greta, Ellen et Pat.

À ma famille : ma mère, mon père, Steven, Janice, Donna, Tom, Lisa, Walter, Shelly, Mark, Robert, Karen, Kerri, Missy, Curt et Pat Gerrish. Je vous aime plus que tout. Et à mon meilleur ami Max – merci de m'avoir gardée honnête et prêté ton manteau, et pour le chocolat.

À mon tendre mari Michael, centre de mon univers. Je ne peux imaginer la vie sans toi. Merci de me donner exactement ce dont j'ai besoin pour mener à bien ma mission divine. Je t'aime infiniment…

Et enfin, merci à Dieu, force divine qui guide indéfectiblement ma vie.

Table des matières

	Introduction	19
Chapitre 1	Pour qui vous prenez-vous ?	45
Chapitre 2	Définissez vos valeurs	85
Chapitre 3	Cessez de dissimuler votre pouvoir	101
Chapitre 4	Misez sur vous-même	139
Chapitre 5	Musclez votre courage	175
Chapitre 6	Visez rien de moins que ce qu'il y a de mieux	205
Chapitre 7	Centrez votre vie sur vos valeurs	221
Chapitre 8	Voyez les choses en grand	249

Misez sur votre vie

Introduction

PENDANT DE NOMBREUSES ANNÉES, J'AI ÉTÉ hantée par une voix intérieure persistante me répétant continuellement que j'étais destinée à accomplir davantage avec ma vie. Même si j'occupais un emploi décent et que j'étais entourée par une famille et des amis attentionnés, j'avais l'esprit perpétuellement agité et j'étais habitée par un fort sentiment d'insatisfaction. Il y avait tant de choses que j'aurais voulu faire de ma vie, sans avoir le courage et la confiance nécessaires pour passer à l'action. J'ai finalement demandé de l'aide lorsqu'une bonne amie m'a transmis les coordonnées de son thérapeute.

Alors que j'étais assise dans la salle d'attente avant mon premier rendez-vous, mon regard s'est arrêté sur une bande dessinée affichée au mur. Elle mettait en vedette le chien Snoopy, fidèle compagnon de Charlie Brown – tous deux des personnages de la série Peanuts. Le chien essayait de transporter sa niche sur son dos et la légende se lisait comme suit : « Il n'y a rien de plus lourd à porter que le poids du potentiel. ». En lisant ce message, je me suis mise à pleurer. Moi aussi, j'avais le sentiment que mon potentiel non réalisé était un fardeau lourd à porter. Je débordais d'énergie et de désir, mais ne possédais pas les compétences nécessaires pour canaliser tout ça dans la bonne direction.

Lorsque j'ai compris que je pouvais me délester de ce fardeau en entreprenant des démarches dans le but de bâtir ma confiance et mon estime de moi, je me suis mise au travail. En faisant appel à des conseillers et à un tout nouveau plan d'action, j'ai commencé à effectuer les changements qui allaient permettre à ma vraie personnalité d'émerger. À mesure que j'effectuais des choix difficiles et que j'avançais courageusement, j'ai peu à peu appris à me faire confiance et à agir en me fiant à la sagesse de ma voix intérieure. Ma vie s'est alors mise à changer de diverses façons, que je n'aurais jamais pu imaginer. Vous pouvez vous aussi y arriver. Dans le présent livre, j'exposerai étape par étape un plan qui vous permettra de libérer et d'utiliser pleinement votre potentiel. Ce faisant, non seulement donnerez-vous le coup d'envoi à une existence formidable, mais vous aurez l'occasion d'aider d'autres personnes à faire de même. Mais avant tout, vous devez prendre conscience des possibilités qui s'offrent à vous…

De quoi votre vie aurait-elle l'air si vous aviez le courage et la force émotionnelle de surmonter vos doutes et vos peurs ou de ne pas vous laisser arrêter par l'opinion des autres ? Pensez-y. En quoi vos relations s'en trouveraient-elles changées ? Conserveriez-vous votre emploi actuel ? Y aurait-il d'importants changements que vous vous sentiriez libre d'effectuer ? En quoi votre vie serait-elle différente ?

Pour avoir travaillé avec des milliers de personnes, je sais que bien des gens ont l'impression de mener une existence toute tracée d'avance ou prescrite par d'autres. Ils aspirent à se libérer des limites qu'ils se sont imposées et à vivre comme ils l'entendent, mais ils n'ont pas le courage et la confiance pour le faire. Les situations varient d'une personne à l'autre. Par exemple, une cliente qui menait une carrière fructueuse dans le domaine des soins de santé, m'a dit : « J'ai terriblement envie d'ouvrir mon propre restaurant, mais j'ai peur de décevoir mon père si je quitte l'entreprise familiale. ». Un autre client m'a fait cette confidence : « Chaque jour, je rêve de voyager dans toute l'Europe, mais je ne cesse de remettre mon projet à plus tard parce que j'ai peur de quitter mon petit confort. ». Et une mère de famille, faisant écho aux aspirations de bien des gens, m'a avoué : « Je sais que le bien-être de mes enfants passe avant tout, mais je ne peux m'empêcher de croire que je suis destinée à faire plus avec ma vie. ».

Je comprends très bien ces aspirations. Pendant des années, j'ai laissé la peur et le doute diriger ma vie, trop effrayée que j'étais de prendre des initiatives et d'obéir à mes désirs profonds. J'ai organisé ma vie selon les priorités des autres. En fait, plaire aux autres était devenu une activité à temps plein : je suivais les conseils de mes amis au détriment de mon instinct et sabotais mes chances de réussite chaque fois que j'étais sur le point de faire quelque chose qui ne correspondait pas aux visées de mon entourage. Ce n'est que quand j'ai pris conscience de l'importance que j'accordais à l'opinion d'autrui que j'ai compris à quel point j'ignorais qui j'étais.

Si vous avez le sentiment que votre vie est centrée sur les besoins et les attentes des autres, j'ai pour vous un message de première importance :

> *Au plus profond de vous-même, vous avez le pouvoir de réaliser vos plus grandes ambitions. Pour avoir prise sur ce pouvoir, vous devez créer une solide relation avec vous-même. Ce faisant, vous aurez accès à une profusion de force intérieure qui vous permettra de bâtir votre confiance en vous-même et votre amour-propre. Quand vous apprendrez à cesser de dissimuler votre pouvoir et à utiliser la peur à votre avantage, vous*

accorderez moins d'importance à ce que les autres souhaitent que vous fassiez et davantage à ce que vous voulez vraiment. À mesure que ce changement s'effectuera, vous commencerez tout naturellement à mener une existence plus authentique et plus passionnée.

Par où devez-vous commencer quand vous décidez de miser sur votre vie ? La première étape consiste à prendre conscience de vous-même. La manière dont vous composez avec votre réalité de tous les jours comporte divers indices révélateurs sur la façon dont vous niez vos sentiments et vos besoins, minez votre force émotionnelle et permettez aux autres de diriger votre vie à votre place. Pour mieux comprendre ce que je veux dire, lisez la liste suivante et cochez les phrases qui vous correspondent :

___ J'ai des responsabilités qui m'empêchent de faire ce dont j'ai vraiment envie.
___ Même si je prévois du temps pour moi-même, je finis souvent par annuler mes projets pour répondre aux besoins de quelqu'un d'autre.
___ J'ai tendance à trop me préoccuper de ce que les autres pensent de moi.
___ Chaque fois que je suis sur le point de réussir, je fais quelque chose qui sabote mes réalisations.
___ Quand je dois prendre une décision, quelle qu'elle soit, je téléphone immédiatement à plusieurs personnes pour obtenir leur opinion.
___ Quand quelqu'un me blesse, je garde le silence et plus tard, je pense à toutes les choses que j'aurais pu dire.
___ Je dis souvent oui quand je pense non.
___ Je prends les choses à cœur et me laisse souvent affecter par les autres.
___ J'ai le sentiment de ne pas réaliser mon plein potentiel.
___ Quand je parle aux autres, j'évite souvent de trop fairemontre de mes connaissances pour ne pas avoir l'air arrogant.
___ J'ai peur de mieux réussir que mes parents.

___ J'ai la persistante impression que quelque chose manque à ma vie.
___ Lorsque quelqu'un me blesse, je préfère éviter le sujet plutôt que d'aborder ouvertement la question.
___ J'ai un désir secret que je n'ai jamais avoué à qui que ce soit.
___ Quand quelqu'un manque à sa promesse, je boude dans mon coin et je me charge de faire les choses moi-même.
___ J'aspire à découvrir ma passion et mon but dans la vie.

Si vous avez coché ne serait-ce qu'une de ces phrases, lisez ce qui suit…

Au cours des dernières années, j'ai été attentivement à l'écoute des besoins de mes lecteurs. En organisant des ateliers, en communiquant avec ma communauté virtuelle par courrier électronique, en animant des discussions par téléconférence et en dirigeant les séries « Reprenez votre vie en main » dans le cadre du Oprah Winfrey Show, j'ai pu rencontrer des hommes et des femmes de tous horizons. Et j'ai découvert une véritable épidémie de frustration et de désespoir.

Parents, femmes au foyer, employés de grandes sociétés, propriétaires d'entreprises, artistes et étudiants, tous et toutes se posent les mêmes questions :

– Comment puis-je acquérir la capacité de prendre la parole et de faire honneur à mes besoins sans avoir l'impression d'être égoïste ?
– Où puis-je trouver le courage d'effectuer les changements que je sais nécessaires en dépit des réactions des autres ?
– Comment puis-je abandonner les comportements défaitistes qui me donnent l'impression de faire du sur-place ?
– Existe-t-il un moyen de fixer certaines limites sans nuire à mes relations ni me sentir coupable ?
– Comment puis-je demeurer motivé et cesser de saboter mes réussites ?
– Comment puis-je savoir quel est mon but dans la vie – et donner un sens ou une direction à mon existence ?

Ces questions reflètent les défis intérieurs auxquels nous faisons tous et toutes face dans notre recherche de satisfaction personnelle. Dans mes deux premiers livres, *Prenez le temps de vivre votre vie* et *Reprenez votre vie en main*, je proposais des stratégies pratiques permettant aux lecteurs de reprendre les commandes de leur existence. En apprenant à prendre bien soin de vous-mêmes et en vous attaquant aux domaines causant le plus de stress – environnements en désordre, mauvaise situation financière, listes de choses à faire interminables qui drainent de l'énergie –, un grand nombre d'entre vous avez suivi avec moi un plan conçu pour vous aider à maîtriser votre destinée. Or, quand vous avez commencé à effectuer ces changements externes, il se peut que vous vous soyez rendu compte que certains changements internes étaient également nécessaires. Par exemple, peut-être auriez-vous aimé savoir comment faire face aux sentiments de culpabilité qui surgissaient en vous à mesure que vous donniez priorité à vos besoins. Ou auriez-vous eu besoin d'une stratégie pour composer avec la peur que vous avez éprouvée lorsque vous avez osé prendre des mesures en vue de réaliser l'un de vos rêves. Peut-être vous êtes-vous senti incapable de faire face aux inévitables conflits qu'a suscité votre décision de prendre votre vie en main.

Renoncez-vous à votre pouvoir ?

Quand vous décidez d'améliorer votre qualité de vie, vous créez des relations d'un type nouveau avec vous-même et avec les autres. Lorsque vous vous mettez à prendre un meilleur soin de vous-même, il est fort possible que vous vous sentiez inconfortable au début et que certains membres de votre entourage se sentent menacés. Par exemple, si vous aviez l'habitude de toujours dire « oui » chaque fois qu'un membre de votre famille vous demandait de l'aide, vous allez inévitablement contrarier certaines personnes si vous vous mettez à dire « non ».

Si vous avez toujours placé les besoins de vos enfants avant les vôtres, vous vous sentirez coupable lorsque vous commencerez à donner priorité à vos désirs. Devant ces réactions suscitées par votre nouvel engagement envers votre bien-être personnel, il est fort probable que vous faites comme bien des gens qui ont les autres à cœur : vous reculez pour éviter de causer des conflits, de blesser les autres ou de risquer la désapprobation ou l'abandon.

La plupart d'entre nous jouons de prudence en mettant nos besoins de côté devant la possibilité d'être assaillis par la culpabilité, de décevoir les autres ou de provoquer des conflits. Par exemple, à la maison, vous renoncez à demander à votre conjoint qu'il vous aide davantage dans l'éducation des enfants pour préserver la paix, laissant votre ressentiment s'accumuler au fil du temps. Au travail, vous laissez un collègue qui se plaint tout le temps drainer votre énergie pour éviter un affrontement et vous finissez par détester votre emploi. Ou encore, vous recommencez à dire oui aux membres de votre famille qui se font insistants pour éviter qu'ils vous rejettent et vous vous sentez frustré en raison du peu de temps dont vous disposez pour vous-même. Nous faisons beaucoup d'efforts pour ménager les perceptions des autres, en ignorant nos propres besoins, et en bout de ligne nous renonçons à ce qui nous permettrait de vivre une vie authentique et pleine de sens : notre pouvoir.

Très tôt dans la vie, nous sommes conditionnés à renoncer à notre pouvoir. Chacun et chacune d'entre nous avons appris à vivre selon des règles qui nous ont été imposées, de façon plus ou moins subtile, par des générations d'influences parentales, d'exigences sociétales, d'attentes religieuses et de préceptes éducationnels. Vous reconnaîtrez probablement ici certaines de ces règles :

Sois gentil.
Reste tranquille.

Ne t'excite pas trop.
Ne te crois pas trop important.
Sois discret.
Place les besoins des autres avant les tiens.
N'aie pas trop d'attentes.
Sois modeste.
Maintiens la paix par tous les moyens.
Évite de mieux réussir que les personnes qui te sont chères.
Évite d'être trop intelligent, car les autres pourraient y voir une menace.
Évite de chanter tes propres louanges.
Fais ce que je te dis.
Ne sois pas trop fier de toi.
Contente-toi de ce que tu as.
Évite d'être un monsieur ou une madame « Je sais tout ».
Ne sois pas aussi prétentieux.

Même si les gens qui brandissent ces règles le font avec une intention saine et constructive, elles finissent plus souvent qu'autrement par étouffer peu à peu la créativité d'un enfant. Un jour que j'étais à la pêche avec un ami âgé de 79 ans, j'ai eu un exemple flagrant de ce phénomène. Un jeune garçon s'est approché de nous et m'a offert de me montrer comment améliorer la portée de mon lancer à la ligne. Après avoir affirmé être un excellent pêcheur, habileté qu'il attribuait aux précieux enseignements de son grand-père, il a ajouté fièrement : « Je suis difficile à battre quand il s'agit d'attraper des poissons. ». À peine avait-il fini de prononcer ces paroles que mon ami a rétorqué : « Ouais, et ce n'est pas la modestie qui t'étouffe ! ».

Instantanément, j'ai senti un choc émotionnel me traverser le corps et j'ai pu voir en me retournant le jeune garçon se replier sur lui-même. Il a baissé la tête, s'est mis à regarder par terre et s'est éloigné de nous. Mon ami avait lancé ce commentaire sans aucune mauvaise intention ; il ne faisait que transmettre une règle qu'il avait lui-même apprise : il ne faut jamais se vanter.

En enseignant à nos enfants à rester dans le rang, nous engendrons des suiveurs bien élevés. Bien que cette façon de faire facilite quelque peu le travail des parents, elle entraîne des coûts énormes plus tard dans la vie : ces enfants deviennent des adultes malheureux qui aspirent désespérément à être aux commandes de leur vie, mais qui n'ont pas les compétences nécessaires pour y arriver.

Imaginez ce que votre vie aurait pu être si, au lieu de règles qui ont étouffé votre vitalité, on vous avait inculqué les principes suivants :

Ne t'excuse pas si tu n'as rien fait de mal.
Sois courageux.
Vois les choses en grand.
Sois ambitieux.
Ne sois pas modeste.
Fais toi voir et entendre.
Sois enthousiaste.
Sois fier de qui tu es et de ce que tu sais.
Maintiens tes attentes à un niveau élevé.
Vas-y fonce !

Quand j'imagine en quoi ma vie aurait pu être différente si j'avais grandi avec ce type de règles en toile de fond, je sais que j'aurais levé la main à l'école quand je connaissais la réponse à une question du professeur au lieu de me cantonner dans un silence peureux. Au secondaire, j'aurais joué dans les pièces de théâtre qui m'enthousiasmaient au lieu de rester parmi les spectateurs et de rêver secrètement de brûler les planches. À l'âge adulte, j'aurais eu le courage de quitter les relations qui me brisaient le cœur au lieu de m'y enliser en essayant de toutes mes forces d'être « à la hauteur ». Et vous, qu'auriez-vous fait différemment ? Auriez-vous pris plus de risques, vous seriez-vous permis de vous distinguer du lot et auriez-vous fait usage de vos talents au lieu de les dissimuler ?

Pour qui vous prenez-vous ?

L'idée d'être en pleine possession de vos moyens et de vos talents peut vous sembler fort risquée. Quand vous réclamez haut et fort ce que vous voulez et que vous prenez les moyens de l'obtenir, certaines personnes risquent de réagir défavorablement. Par exemple, votre meilleur ami peut adopter une attitude coupante parce que votre nouvel emploi vous rend moins disponible qu'avant. Ou votre mère peut se montrer distante si votre mariage heureux lui rappelle cruellement ce qui manque à sa propre relation conjugale. Lorsque nous réussissons mieux que notre entourage, notre relation avec le succès risque de devenir de plus en plus problématique. Et quand nous possédons quelque chose que convoitent les autres, nous devenons pour eux une cible. Alors, plutôt que de faire des vagues et risquer de se faire demander « Pour qui te prends-tu ? », nous nous résignons à demeurer insatisfaits. Une personne dans le besoin fait beaucoup moins peur aux autres qu'une personne en pleine possession de ses moyens.

Les gens se soutiennent bien plus les uns les autres quand ils souffrent que quand ils réussissent. En effet, la réussite constitue une menace. Quand vous accomplissez de grandes choses, c'est comme si vous jouiez dans les plaies encore ouvertes des personnes de votre entourage et que vous leur rappeliez leurs propres rêves perdus et besoins non remplis. Une femme se trouvant dans l'auditoire lors de l'une de mes conférences a bien exprimé ce phénomène :

> *Quand mon mari m'a quittée pour une femme plus jeune, mes amies ont aussitôt joint leurs efforts pour me soutenir durant mon divorce. Elles sont venues à ma rescousse, se relayant pour préparer mes repas et discutant avec moi jusque tard dans la nuit. Deux ans plus*

tard, après avoir récupéré émotionnellement et perdu une quinzaine de kilos, j'ai reçu une importante promotion au travail. Ces mêmes amies se sont alors mises à commérer derrière mon dos et à dire que j'étais devenue « prétentieuse ». J'avais changé. J'étais devenue plus forte, j'avais une plus grande confiance en moi-même et beaucoup moins besoin des autres. Je crois que c'était trop dur à accepter pour mes amies, mais je n'en ai pas moins été profondément blessée.

Les émotions auxquelles nous faisons face quand une autre personne réussit, peuvent causer confusion et tension. Comment composer avec les sentiments complexes d'envie et de joie qui surgissent en nous ou avec la peur d'être laissé pour compte ? Je me souviens encore de l'inconfort que j'ai éprouvé en voyant mes amis atteindre des objectifs que je m'étais moi-même fixés. D'un côté, je me réjouissais de leur succès, et de l'autre, j'étais jalouse. Ces sentiments suscitaient en moi confusion et embarras. Mais avec le temps, j'ai appris à les voir comme des signes m'indiquant que je devais moi-même évoluer à certains égards. Par exemple, j'ai commencé à comprendre que ma jalousie me signalait qu'il était temps pour moi de prendre certaines mesures afin de faire avancer ma propre carrière. De plus, ces peurs trahissaient chez moi une croyance selon laquelle la réussite n'existait qu'en quantité limitée. Quand j'ai commencé à réfléchir à ces questions et entrepris le cheminement dont je vais maintenant vous faire part, j'ai éveillé ma passion et ma carrière a pris un nouvel essor. Je me suis alors retrouvée de l'autre côté de l'équation.

Lorsque je me suis mise à gagner plus d'argent et à connaître le succès que je désirais, j'étais mal à l'aise d'en parler devant certains de mes amis. Jusque-là, un grand nombre de nos conversations avaient porté sur ce qui n'allait pas dans nos vies, et soudain, je n'avais plus grand chose à dire. Je savais comment parler de mes insatisfactions, mais je n'avais pas l'habitude de parler de mes succès. Je craignais d'avoir l'air de me vanter en faisant part de mes accomplissements et j'avais peur de susciter chez mes amis des sentiments de jalousie et de concurrence (ces mêmes sentiments que j'avais moi-même éprouvés auparavant). Alors, je laissais les autres parler. Et lorsque j'étais vraiment trop mal à l'aise, je trouvais quelque chose à dire qui n'allait pas dans ma vie pour me mettre au diapason général.

Les choix que vous faites face aux réactions des autres peuvent avoir de graves conséquences. Lorsque ma cliente Kate a décidé de faire de ses besoins une plus grande priorité, elle a demandé à son mari d'assumer plus de responsabilités à la maison. Mère de deux jeunes enfants, Kate travaillait à temps plein et accomplissait la plupart des travaux ménagers. Mais quand elle s'est plainte de la division inégale des tâches à la maison, son mari s'en est trouvé offusqué; Kate a alors pris la décision de garder le silence. Ainsi, au lieu de causer une dispute en protestant contre la réaction de son mari, elle a ravalé son mécontentement et a continué à s'occuper seule du foyer. Mais au fil du temps, son choix de rester silencieuse lui a coûté cher. Elle est devenue de plus en plus irritable avec les enfants, a développé une raideur au cou et une douleur constante au dos et son ressentiment croissant a fini par compromettre son mariage.

Une autre cliente, Carol, qui occupait un poste de recherche dans une société de biotechnologie, était considérée comme l'une des meilleures de son entreprise en matière de résolution de problèmes. Chaque fois que son collègue Michael éprouvait des difficultés dans la réalisation d'un projet, il demandait conseil à Carol et s'attribuait ensuite tout le mérite. Pendant des années, Carol avait tout simplement fermé les yeux sur la tendance de son collègue à s'approprier ses idées, mais, un jour, après avoir trouvé une nouvelle façon efficace de tester un médicament et en avoir fait part à Michael, elle s'est mise très en colère lorsque celui-ci a suggéré au directeur qu'il était le découvreur de la procédure. Malheureusement, si Carol voulait faire part à son collègue de sa désapprobation face à ce geste de trahison, elle n'en avait pas le courage. Quand elle est venue me voir pour que je l'aide à se trouver un nouvel emploi, elle a compris qu'elle devait avant tout retrouver son courage. Si elle choisissait de fuir la situation sans apprendre à dire ce qu'elle pensait, ce même problème allait se présenter à nouveau dans un autre contexte.

Parfois, nous mettons notre vie entre les mains des autres d'une façon un peu différente. Au lieu de garder le silence ou de faire des choix en réaction à notre peur, nous nous privons du succès que nous méritons en sabotant nos efforts. Mon ami Chris en est un bon exemple.

Titulaire d'une maîtrise en finance, Chris avait obtenu, à force de travail et de persévérance, un emploi formidable dans l'industrie bancaire. Or, à mesure qu'augmentait son revenu et que se consolidait son statut professionnel, son anxiété montait également en flèche. Chris avait remarqué que les membres de sa famille s'étaient mis à faire des remarques désobligeantes à propos de son nouveau train de vie. Lors d'un repas familial en particulier, la mère de Chris a fait un commentaire sarcastique sur le caractère voyant de sa nouvelle voiture. Peu de temps après cet incident, Chris m'a annoncé que sa façon de travailler s'était mise à changer. Il n'éprouvait plus autant d'enthousiasme et avait l'impression de perdre la main. De plus en plus souvent en retard au travail, il a même manqué quelques réunions importantes. Il a commencé à se demander s'il avait fait le bon choix de carrière. Quand je lui ai suggéré que son manque de motivation avait peut-être un lien avec les réactions de sa famille face à ses succès professionnels, il a admis se sentir coupable d'avoir mieux réussi qu'eux côté carrière. Ainsi, les négligences qu'il commettait au travail étaient une façon inconsciente de saboter sa réussite.

Lorsque nous ignorons nos sentiments et laissons les autres nous dérober notre estime de soi ou que nous dissimulons nos plus grands talents de peur de faire des jaloux, nous commettons envers nous-mêmes un acte de trahison qui a de graves conséquences. Chacun de ces actes de trahison a beau nous éviter pendant un moment de faire des vagues, mais avec le temps, ils finissent par porter gravement atteinte à notre estime de soi. Ironiquement, à mesure que notre confiance en nous-mêmes diminue, nous sommes encore plus portés à nous fier à ce que les autres pensent. Et à mesure que ce cercle vicieux se poursuit, nous perdons peu à peu notre passion et notre envie de vivre. Accablés par le doute et le ressentiment, nous finissons par comprendre que nous vivons la vie des autres et non la nôtre.

Il existe de nombreux comportements qui empêchent la plupart d'entre nous de mener notre propre vie. Voyez si vous pouvez vous identifier à certaines des situations suivantes :

– Vous vous sentez coupé de vous-même. Votre qualité de vie est compromise par votre capacité à en faire de plus en plus tout en éprouvant de moins en moins d'émotions. Vous avez perdu contact avec les choses dont vous auriez besoin pour donner un sens à votre vie : une solide connexion avec vos sentiments et la capacité de vous fier à la sagesse qu'ils renferment.

– Vous aspirez à éprouver un sentiment de satisfaction et à avoir un but dans la vie, mais vous avez centré votre existence sur des « je dois » et non sur les valeurs que vous chérissez.

– Vous dissimulez votre pouvoir. Vous vous rabaissez ou minimisez vos forces et vos talents en adoptant des comportements défaitistes qui affaiblissent votre estime de vous-même.

– Vous vous préoccupez trop de ce que les autres pensent. Vous faites beaucoup d'efforts pour ménager la perception des autres et éviter les affrontements et la culpabilité. Vous laissez les gens vous priver de votre temps, de votre énergie et de votre amour-propre.

– Vous laissez la peur vous empêcher de réaliser les changements que vous souhaiteriez vraiment faire dans votre vie.

- Vous vous contentez de moins que ce que vous méritez. Votre besoin de satisfaction immédiate vous empêche de faire des choix qui seraient dans votre meilleur intérêt.

- Vous aspirez à réaliser votre plein potentiel, mais vous ne faites rien parce que vous ne savez pas où commencer.

- Au fond de vous-même, vous croyez que l'abondance n'existe qu'en quantité limitée et cette croyance vous empêche de vous réjouir des accomplissements des autres. Vous avez appris à vous solidariser avec les autres dans la souffrance et non dans la réussite.

Ces comportements ne sont pas là pas par hasard. Lorsque vous commencez à abandonner votre rôle de « suiveur », il se peut que vous vous sentiez désorienté et craintif. Il est fort probable que vous soyez confus en ce qui a trait à l'orientation à donner à votre existence. Lorsque vous misez sur votre vie, vous risquez de perdre la proximité émotionnelle et la camaraderie que vous partagiez avec votre famille, vos amis et vos collègues, et ce lien est important. Le besoin d'appartenance est solidement incrusté dans notre cerveau. Quand vous acquérez la confiance et la solidité interne nécessaires pour vivre votre propre vie, ce besoin de base se voit menacé. Les êtres chers, de peur d'être abandonnés, peuvent essayer de vous retenir en vous rappelant les dangers potentiels de votre démarche. Des collègues frustrés par leur propre absence d'avancement professionnel peuvent faire des remarques désobligeantes derrière votre dos à mesure que vous grimpez les échelons. Lorsque vous faites le saut, vous ne savez pas encore qu'en réalité, plus vous ferez honneur à vos besoins, plus vos relations authentiques s'approfondiront et que de nouvelles personnes entreront dans votre vie pour remplacer celles avec qui vous n'aurez plus rien en commun.

Misez sur votre vie

Dans le présent livre, je vous emmènerai dans un voyage au cours duquel vous apprendrez de nouvelles stratégies qui vous permettront de vous « faire honneur » et de transformer vos peurs et vos doutes en pouvoir. Vous apprendrez à vous faire confiance. Côté courage, vous développerez une nouvelle musculature qui améliorera votre estime de vous-même. Et vous acquerrez la confiance nécessaire pour vous lancer en territoire inconnu et réaliser votre plein potentiel. À mesure que vous apprendrez à miser sur votre vie, vous commencerez à vivre avec intégrité et à mener une existence qui constituera une importante contribution aux autres.

Tout au long des diverses étapes du programme exposé dans le présent livre, je vous inviterai à :

– *Savoir qui vous êtes* – bâtir une relation avec vous-même si solide que vous cesserez de tout recevoir comme un affront personnel et commencerez à faire des choix à partir de ce que vous voulez et non de ce que les autres veulent à votre place – sans vous sentir égoïste.

– *Définir vos valeurs* – déterminer quelles sont vos valeurs et quels changements vous devez apporter à vous-même et à votre existence afin de centrer votre vie sur ces valeurs.

– *Cesser de dissimuler votre pouvoir* – déterminer les façons dont vous dissimulez votre pouvoir et éliminer les comportements défaitistes qui érodent votre estime de vous-même et vous empêchent de mettre pleinement en valeur tous vos talents et vos dons.

– *Vous affirmer* – acquérir les compétences et le langage qui vous permettront d'affirmer ce que vous voulez et de dire non avec grâce et fermeté à ce que vous ne voulez pas. En affrontant votre peur du conflit, vous découvrirez comment vous bâtir une force émotionnelle – force qui vous sera utile dans tous les domaines de votre vie.

– *Muscler votre courage* – faire de la peur une alliée en prenant davantage de risques et en repoussant les limites de votre zone de confort, pour être en mesure de faire dans votre vie les changements qui comptent vraiment.

– *Opter pour rien de moins que ce qu'il y a de meilleur* – définir vos normes spirituelles et y faire honneur de façon à pouvoir effectuer des choix éclairés et viser rien de moins que ce qu'il y a de meilleur.

– *Centrer votre vie sur vos valeurs* – prendre les moyens de faire les changements qui centreront votre vie sur vos valeurs.

– *Créer une vision plus large de votre vie* – partager vos réussites avec les autres en mettant votre vie au service d'autrui et en transmettant les compétences que vous aurez acquises aux êtres chers, en particulier les enfants.

Ce voyage ne sera pas facile. En vous engageant dans cette voie, vous pouvez inévitablement vous attendre à faire des vagues. Quand vous ferez les exercices prescrits et appliquerez à votre vie les divers conseils contenus dans le présent livre, vous enverrez à l'univers un message lui disant que vous êtes prêt à vous attaquer à vos doutes et à votre peur de l'opinion des autres. Et croyez-moi, quand vous ferez cette proclamation, l'univers répondra. Il vous fournira les personnes et les circonstances précises dont vous aurez besoin pour acquérir le type de sentiment de « sécurité intérieure » qu'aucun compte en banque, relation amoureuse ou emploi ne pourraient jamais vous procurer.

La vérité est toute simple : il n'y a aucun autre moyen de vivre le type de vie à laquelle vous aspirez – une vie qui reflète vos désirs les plus profonds et vous permet de mettre à profit vos plus grands talents, que vous partagerez ensuite avec le monde.

Très bientôt, vous vous entendrez dire :

Je sais qui je suis.
Je sais ce à quoi je tiens.
J'exprime mon pouvoir.
Je dis la vérité (même si ce n'est pas toujours facile) et je fais face aux conflits avec grâce et confiance.
J'utilise la peur à mon avantage.
Je me sais capable de faire des choix qui sont dans mon meilleur intérêt.
Je vis une vie centrée sur mes valeurs.
Je soutiens et célèbre les accomplissements des autres.

Si vous êtes prêt à miser sur votre vie, vous avez choisi le bon livre. Mais avant de commencer, il y a une autre chose importante que vous devriez savoir – le secret de la réussite.

Le secret de la réussite – votre cercle de soutien

Les milliers de personnes qui ont déjà entrepris les programmes détaillés dans *Prenez le temps de vivre votre vie* et *Reprenez votre vie en main* pourraient vous révéler un secret : la clé d'une motivation durable et d'un changement à long terme consiste à se créer un cercle de soutien. Quand vous commencerez à suivre les étapes expliquées dans ce livre, vous aurez besoin de vous entourer de personnes qui appuient votre volonté de changement. Pour pouvoir miser sur votre vie, il vous faudra prendre de courageuses initiatives, et pour ce faire, vous aurez besoin d'une communauté de gens qui vous soutiennent qui sont engagés dans leur propre démarche de croissance personnelle. Ces gens deviendront votre roc émotionnel – la fondation solide sur laquelle vous pourrez vous appuyer jusqu'à ce que vous soyez en mesure de vous tenir fermement sur vos deux jambes.

Après avoir écouté, au fil des ans, les histoires de réussite de milliers de personnes, j'ai pu constater l'énorme différence que le soutien a engendré pour nombre d'entre elles. Un fort pourcentage des gens qui font appel au pouvoir du partenariat réussissent à réaliser des changements qui améliorent grandement leur qualité de vie. Après tout, il est beaucoup plus facile de s'attaquer à un problème conjugal ou de demander une augmentation attendue depuis longtemps quand on sait qu'on peut compter sur un filet de sécurité. La communauté recèle un énorme pouvoir.

En plus de procurer le courage d'effectuer des changements, la création d'une communauté de soutien comporte d'autres avantages. En instituant de judicieuses lignes de conduite visant à limiter les commérages et les plaintes, vous apprendrez à créer des liens avec d'autres sur la base de la réussite plutôt que de l'échec. Vous connaîtrez la richesse des rapports qui vont au-delà du bavardage superficiel et qui se tissent au fil de conversations plus intimes. Et vous nouerez des amitiés durables qui ajouteront plus de profondeur et de sens à votre vie que toutes les possessions matérielles du monde.

Bien sûr, vous pouvez décider de faire ce travail seul (ce qui est un choix tout à fait valable), mais songez tout de même à faire part de vos progrès à un membre de votre famille ou un ami en qui vous avez confiance. Célébrez vos réussites et demandez de l'aide quand vous vous embourbez. Au cours de la réalisation du programme, lorsque je vous suggérerai de faire appel à votre partenaire ou à votre groupe « Reprenez votre vie en main » pour obtenir du soutien, profitez-en pour vous arrêter et vous demander si vous aviez besoin d'aide.

Au fur et à mesure que vous progresserez dans votre cheminement spirituel, vous mériterez de bénéficier du soutien de personnes qui vous aideront à demeurer sur la bonne voie. Vous connaissez probablement des gens qui font ou devraient faire partie de votre cercle – quatre ou cinq amis ou parents que vous savez capables de vous soutenir dans la réalisation de changements décisifs. Pour déterminer quelles seraient les personnes qualifiées pour faire partie de votre cercle, répondez aux questions suivantes :

– Quelles sont les personnes qui demeurent à vos côtés dans les moments difficiles ?

– Quels sont les amis qui ont osé prendre le risque de vous dire des vérités difficiles avec grâce et amour, simplement parce que votre bien-être leur importait ?

– Quels sont vos amis qui refusent de dénigrer et de critiquer les autres, même en leur absence ?

– Quelles sont les personnes qui vous rappellent de faire les choses auxquelles vous vous êtes engagé ?

– Avec qui vous sentez-vous absolument en sécurité ?

Les réponses que vous aurez apportées à ces questions vous permettront de trouver certaines des personnes qui pourraient faire partie de votre groupe de soutien. Mais si leur nombre est insuffisant (ce qui est le cas pour la plupart des gens), ne perdez pas courage. Je vous aiderai non seulement à créer votre propre cercle de soutien, mais aussi à entrer en contact avec des personnes qui sont à la recherche de gens comme vous.

Passez à l'action ! Créez un groupe « Reprenez votre vie en main »

Ne serait-il pas formidable d'avoir l'occasion de rencontrer un petit groupe de personnes qui ont tout aussi hâte que vous de faire des changements dans leur vie et qui sont tout aussi prêtes à passer à l'action ? En utilisant mon site internet comme point de ralliement central, j'ai créé un tel lieu de rencontre. L'objectif consiste à fournir gratuitement à toute personne prête à faire des changements la possibilité de faire des rencontres génératrices de soutien mutuel. En janvier 2001, à partir du groupe de personnes avec qui je correspondais déjà par Internet, que j'appelais ma communauté « Reprenez votre vie en main », j'ai décidé de créer des groupes « Reprenez votre vie en main » un peu partout dans le monde. Ces groupes constituent un lieu sûr où les gens peuvent obtenir le soutien dont ils ont besoin pour faire les changements qu'ils ont toujours voulu faire.

Venez visiter le *www.cherylrichardson.com*, où vous trouverez tout ce dont vous avez besoin pour créer avec succès un groupe « Reprenez votre vie en main ». Vous apprendrez comment tracer le profil du membre idéal, trouver de nouveaux membres et dénicher des endroits où tenir vos rencontres de groupe, en plus de trouver de judicieux conseils sur la façon de tenir une bonne réunion. Si vous préférez vous joindre à un groupe déjà existant, nous avons une base de données électronique de groupes à la recherche de nouveaux membres. Si vous ne possédez pas d'ordinateur, vous n'avez qu'à vous rendre à la librairie de votre quartier, où des ordinateurs sont mis à la disposition du public. Vous aurez alors accès à l'information que vous désirez.

J'ai beaucoup appris sur les facteurs qui garantissent une bonne expérience de groupe. Les membres qui prennent leur participation au sérieux et qui font le nécessaire pour répondre à leurs besoins sont ceux qui réussissent le mieux. Certains membres préfèrent former des groupes avec des gens qui ont des problèmes ou des modes de vie similaires – des mères avec de jeunes enfants, des propriétaires d'entreprises ou des personnes dont les enfants ont quitté le domicile familial. D'autres aiment mieux faire partie de groupes plus diversifiés. La grosseur du groupe constitue aussi un aspect important. D'après mon expérience, les groupes les plus productifs et efficaces ne comptent pas plus de six ou huit membres.

Comme l'objectif est de créer une communauté et de passer à l'action de façon soutenue, il importe que votre groupe se réunisse régulièrement. Les réunions hebdomadaires sont ce qu'il y a de mieux, les bimensuelles viennent au deuxième rang et les réunions mensuelles donnent de bons résultats si vous vous trouvez un partenaire avec qui vous pouvez faire le point par téléphone chaque semaine. L'engagement est la clé du succès. Si vous décidez de créer un groupe, demandez aux membres de s'engager à assister aux rencontres pendant au moins trois mois, et fixez la date de ces rencontres à l'avance pour faciliter la planification et pour démontrer votre engagement au reste du groupe.

Voyons maintenant les lignes directrices indiquant la meilleure façon d'utiliser ce livre et de réussir une démarche de groupe :

– Lisez le livre en entier avant d'entreprendre le programme.

– Choisissez une personne (ou des personnes) à qui vous pouvez faire confiance et assurez-vous qu'elles soient prêtes à mener la démarche jusqu'à la fin du livre.

– Choisissez un moment pour vos rencontres (au moins une fois par mois), soit en personne, soit par téléphone.

– Lisez un chapitre (ou une partie) à la fois avant chaque rencontre.

Vous pouvez utiliser les lignes directrices suivantes pour rendre les rencontres productives et stimulantes :

– Commencez la rencontre en faisant part de vos réussites. Qu'avez-vous appris à propos de vous-même ? Quelles mesures avez-vous prises ? Donnez à chaque personne la chance de se vanter !

– Prenez un certain temps pour discuter de ce vous avez lu préalablement à la rencontre. Décrivez l'expérience que vous avez vécue quand vous avez fait les exercices.

– Décidez des mesures précises que prendra chacun d'entre vous d'ici la prochaine rencontre.

– Demandez de l'aide. Consacrez quinze minutes à la fin de la rencontre pour demander l'aide dont vous avez besoin. Il peut s'agir d'un coup de téléphone pour vérifier si tout va bien, d'une ressource particulière ou d'un coup de main.

Quand vous vous apprêterez à faire les exercices prescrits dans le présent livre, gardez à l'esprit les conseils suivants :

– Achetez-vous un journal ou un bloc-notes que vous utiliserez avec ce livre.

– Chaque fois que vous verrez les mots : « Passez à l'action! », sachez qu'il s'agit d'un signal indiquant qu'il est temps de prendre immédiatement une mesure concrète. Les petits pas mènent loin !

– Prenez tout le temps qu'il faut pour faire les exercices et y prendre plaisir. Si vous vous sentez envahi par d'intenses émotions, demandez l'aide des membres de votre groupe. Vous pouvez également consulter un thérapeute compétent

(vous trouverez plus d'information à ce sujet aux pages 78-79 du chapitre un). Pendant toute votre démarche visant à vous réapproprier votre pouvoir, vous devez bénéficier d'un solide soutien émotionnel.

– Célébrez vos réussites ! N'attendez pas d'avoir terminé le livre (ou un chapitre) avant de faire quelque chose de spécial en reconnaissance de vos progrès. La récompense est la meilleure motivation de toutes. Lorsque vous menez à bien un exercice, vous pouvez prévoir un dîner avec un ami, vous acheter un petit cadeau ou prendre une pause bien méritée.

Pour de plus amples renseignements sur l'animation d'un groupe « Reprenez votre vie en main », reportez-vous aux directives ci-après.

Que vous ayez créé un cercle de soutien ou décidé de mener à bien le programme par vous-même, vous êtes maintenant prêt à entreprendre la première étape. Allons-y !

De judicieuses directives à suivre

Les directives qui suivent vous aideront non seulement à créer un lieu sûr pour tenir une rencontre productive et agréable, mais aussi à éliminer le type d'habitudes qui risquent de menacer la survie du groupe. Je vous recommande de relire les lignes directrices suivantes au début de chaque réunion :

– **Respectez le principe de la confidentialité.** Tout ce qui se dit lors des rencontres d'un groupe « Reprenez votre vie en main » est strictement confidentiel.

– **Répartissez également le temps de parole entre tous les membres du groupe.** Assurez-vous que chaque personne a la chance de parler. S'il y a certainement des moments où un membre a besoin d'une attention particulière, il importe d'empêcher quiconque de monopoliser constamment la conversation. J'ai vu ce type de problème détruire des groupes plus rapidement que n'importe quel autre. Pour vous assurer que tout le monde jouit du même temps de parole, vous pouvez vous munir d'un chronomètre ou d'un réveil, qui émet un signal une fois la période de parole terminée. Et souvenez-vous que votre rencontre doit être orientée vers l'action et non le babillage.

– **Ne soyez pas critique et ne donnez pas de conseils non sollicités.** Laissez chaque personne demander ce dont elle a besoin.

– **Assurez-vous que tous les membres animent le groupe tour à tour.** Assurez-vous qu'une personne différente anime la réunion à chaque rencontre pour éviter que le groupe ait un « patron ». Cette mesure est importante pour les membres qui ont naturellement tendance à adopter le rôle de « professeur », se privant ainsi du soutien dont ils ont besoin. Trop souvent, ce sont les membres qui ont besoin du plus de soutien qui agissent comme s'ils étaient responsables du groupe. Contrez cette tendance en faisant en sorte que les membres assument le leadership à tour de rôle.

– **Insistez sur les aspects positifs.** Mettez l'accent sur ce qui fonctionne. Recherchez et soulignez les forces des membres. Maintenez les critiques et les plaintes au minimum – accordez-leur au plus une minute (nous avons tous besoin de nous plaindre de temps en temps). Si une personne se présente constamment aux rencontres pour se plaindre et pleurer à propos du même problème sans faire quoi que ce soit pour remédier à la situation, cela pourrait vouloir dire que cette personne a besoin de suivre une thérapie ou d'obtenir un autre type de soutien individuel. Alors, rendez service à ce membre et soyez honnête.

Demandez à une personne du groupe de communiquer avec lui ou elle et de lui offrir son aide dans la recherche des ressources adéquates. Ne laissez pas un membre souffrir par souci d'être « gentil ». Dites la vérité.

– **Exprimez-vous à partir de votre propre expérience.** Parlez au « je » et non au « vous » quand vous vous adressez aux autres membres.

– **Faites honneur au groupe.** Prévoyez à intervalles réguliers une réunion de « mise au point » pour vous assurer que tous les membres sont satisfaits du déroulement des rencontres. Exprimez honnêtement vos sentiments (avec délicatesse, bien sûr). Vous pouvez aussi faire ce type de vérification à la fin de chaque rencontre, une fois par mois ou par trimestre. Si vous décelez un problème, cherchez immédiatement à le régler ! Par exemple, si une personne parle trop ou ignore les lignes directrices du groupe en persistant à faire des commérages, vous devez faire honneur à votre groupe en disant la vérité.

CHAPITRE PREMIER

Pour qui vous prenez vous ?

MA COPINE MONIQUE M'A TÉLÉPHONÉ PEU APRÈS LE 11 septembre 2001 pour m'annoncer qu'elle était enfin prête à prendre sa vie au sérieux. Voici ce qu'elle m'a confié : « Pendant des années, j'ai voulu prendre des cours de théâtre, sans jamais faire quoi que ce soit pour mettre ce projet à exécution. J'avais trop peur de la réaction de ma famille et de mes amis. Il y a trois ans, quand j'ai avoué mon rêve à mon frère, il s'est mis à se moquer de moi et de mes ambitions de star. J'ai alors ravalé mon rêve et suis demeurée depuis une « bonne petite fille ». Toutefois, je sais que j'ai du talent et des choses importantes à dire, et je refuse de continuer à laisser cette partie de moi dans l'ombre. Même si j'ai peur de ne pas être à la hauteur, je suis fatiguée de laisser ma peur me retenir. Je ne veux plus vivre avec cette impression persistante qu'il y a quelqu'un à l'intérieur de moi, quelqu'un de puissant et de déterminé, qui voudrait à tout prix s'exprimer. Je veux libérer cette personne et que ma vie prenne tout son sens. ».

Cette décision prise par Monique de commencer à vivre sa propre vie constituait un pas courageux dans la bonne direction. Peu après notre conversation, elle s'est inscrite à un cours de théâtre et a décidé d'affronter la peur que lui inspirait la réaction des autres en convoquant ses amis proches à une rencontre. Monique leur a alors expliqué que son rêve de faire du théâtre avait pour elle une grande importance et qu'elle avait besoin de leur appui. Elle a été surprise de constater que ses deux amies étaient entièrement de son côté.

Les doutes et la peur qu'éprouvait Monique sont normaux. Lorsque vous décidez de vous aventurer au-delà de votre zone de confort et d'entreprendre avec courage de nouvelles expériences, il est fort probable que vous regardiez mentalement derrière vous en vous imaginant entendre : « Pour qui te prends-tu ? ». Lorsque vous allez à l'encontre des règles vous enjoignant de rester dans le rang et de ne pas voir trop grand, vous vous exposez à la critique, au jugement et aux opinions des autres. C'est cette peur de nous voir ainsi mis à nu qui nous empêche au premier chef d'être pleinement qui nous sommes.

Je comprends très bien cette peur. Pendant plus de quinze ans, j'ai aidé des gens à concevoir et à mettre à exécution des plans visant à améliorer leur qualité de vie. Au bout de plusieurs années passées à donner des conférences d'un bout à l'autre du pays, j'ai enfin pris mon courage à deux mains pour écrire mon premier livre, *Prenez le temps de vivre votre vie*. Dès que j'eus pris cette décision, une petite voix s'est mise à vouloir me remettre à ma place en me posant des questions du genre : « Pour qui te prends-tu pour même songer à écrire un livre ? Qu'est-ce qui te fait croire que tu as quelque chose d'important à dire ? ». Je me suis aussitôt sentie vulnérable et craintive. Serais-je assez solide pour supporter la critique ou le rejet ? Est-ce que je possédais assez de force émotionnelle pour plonger sous les feux de la rampe et m'exposer au regard des autres ?

Ces questions étaient les mêmes que j'avais entendu mes clients se poser eux-mêmes. En privé, pendant des années, des femmes et des hommes intelligents et talentueux m'ont fait part de leur peur de ce que serait le jugement des autres s'ils partaient à la poursuite de leurs propres buts et rêves. Ce sentiment de vulnérabilité les poussait à douter de leurs talents et de la validité de ce qu'ils avaient à offrir. C'était toujours cette même vieille peur qui revenait : ce que les autres allaient penser. Comme moi, ces personnes avaient été habituées à réprimer leurs désirs les plus profonds en échange de l'approbation des autres. Heureusement, à force de courage et d'engagement envers la croissance personnelle et spirituelle, l'âme l'emporte toujours.

En janvier 1999, quand mon livre a été publié, j'étais enthousiaste et optimiste. Mais je me sentais aussi tendue et nerveuse. À de nombreuses reprises au cours de ma démarche, j'ai été tentée de céder aux voix critiques qui résonnaient dans ma tête et qui me disaient de ne pas prendre de risques. Et bien sûr, il y avait aussi des voix extérieures – une critique défavorable ou un message mesquin envoyé par courrier électronique par une personne qui croyait que je devrais vivre ma vie selon ses normes plutôt que les miennes. Au début, l'opinion des autres me faisait énormément souffrir. J'ai appris rapidement, toutefois, qu'un attachement plus solide à ma vie intérieure et un engagement à rendre service aux autres apaiseraient ces peurs et me permettraient de trouver la sécurité et la paix dont j'avais besoin afin de poursuivre mon plan.

Vous aurez toujours peur d'entendre la question : « Pour qui te prends-tu ? » tant que vous ne saurez pas vous-même qui vous êtes. Lorsque vous décidez de faire une priorité de votre croissance personnelle et spirituelle en créant une solide relation avec vous-même, vous générez en vous le pouvoir et la confiance qui vous permettront de faire votre plus grande contribution au monde. Vous cessez alors d'accorder autant d'importance à ce que les autres pensent et commencez à vous préoccuper davantage de la personne que vous êtes en train de devenir et de la façon dont vous pourrez faire une différence dans la vie des autres. De centré sur vous-même, vous devenez confiant, courageux et émotionnellement solide – les qualités mêmes dont vous avez besoin pour mener une vie pleine de sens.

Votre objectif de vie

Pendant des années, j'ai sillonné le pays pour parler aux gens de leur qualité de vie. S'il est une question qu'on ne cesse de me poser, c'est bien celle-ci : « Comment puis-je faire pour donner un sens à ma vie et faire une différence dans le monde ? ». Quand j'entends cette question, je sais qu'elle veut habituellement dire deux choses. Premièrement, que la personne qui la pose est probablement insatisfaite de sa situation actuelle. Deuxièmement, que son âme, l'essence de son être, aspire à s'exprimer plus pleinement dans sa vie.

Nous voulons tous faire une différence. Nous voulons savoir que notre vie a une importance, que notre présence sur terre a un sens et un but. Quand des clients me demandent de les aider à déterminer pourquoi ils sont sur terre, voici ce que je leur réponds : chacun et chacune d'entre nous avons une tâche assignée par Dieu, une importante mission à remplir. Cette mission a deux volets. Premièrement, nous devons faire de notre développement personnel et spirituel une priorité absolue en empruntant notre propre chemin vers la guérison et la croissance. Deuxièmement, à mesure que nous acquérons une plus grande force intérieure en effectuant ce travail, nous avons également le devoir d'améliorer le monde d'une façon ou d'une autre.

Il y a une bonne raison de faire passer en premier votre travail personnel. En effet, lorsque vous vous engagez consciemment à travailler à votre croissance intérieure, vous accomplissez un pas de géant vers une plus grande contribution aux autres. Même s'il peut vous sembler égoïste à première vue de vous concentrer essentiellement sur vous-même, lorsque vous comprendrez que nous sommes tous liés les uns aux autres par une force supérieure, vous vous rendrez compte qu'en remplissant votre tâche personnelle, vous contribuez directement au bien-être d'autrui. Lorsque vous travaillez à améliorer votre intégrité et votre caractère, vous faites votre plus grande contribution à l'humanité.

Les livres d'histoire sont remplis de personnes qui ont changé le monde à partir de leurs propres efforts personnels. Par exemple, Bill Wilson, le fondateur des Alcooliques Anonymes, dont l'héritage a sauvé des millions de personnes, a fait cette impressionnante contribution à partir de sa propre guérison et de son propre développement spirituel. À une échelle plus personnelle, j'ai vu des amis et des parents faire la même chose. Mon amie Connie, qui a reçu une transplantation du foie, a créé après son opération un bulletin international qui contribue à redonner espoir à des milliers de personnes dans le monde qui attendent l'organe qui va leur sauver la vie. En utilisant sa propre crise personnelle comme un tremplin spirituel, elle est arrivée à mieux se comprendre et à prendre conscience de son pouvoir, ce qui lui a permis en retour de faire un important apport au monde. Vous le pouvez aussi.

La première étape vers la réalisation de votre mission divine est de jouer un rôle de leadership dans votre vie. Accepter ce rôle signifie qu'il vous faut abandonner la position de « suiveur » que nombre d'entre nous avons adoptée pour trouver confort et sécurité. Vous devez devenir le leader de votre propre vie.

Qui êtes vous ?

Le programme que j'explique dans le présent livre est conçu pour vous aider à répondre à la question : « Qui êtes-vous ? ». En prenant des mesures spécifiques pour reconquérir votre pouvoir et bâtir votre confiance, vous accomplirez votre mission divine. Ce programme ne sera pas facile. Vous aurez à faire face à moult critiques, intérieures et extérieures. Mais si vous y mettez du vôtre et que vous prenez un solide engagement envers vous-même, vous saurez exactement comment on se sent quand on est en pleine possession de ses moyens.

Devenir l'artiste de votre vie

Nous sommes tous ici pour une période de temps très courte et indéterminée. Il est donc impératif d'utiliser ce temps à bon escient en faisant de notre croissance spirituelle une priorité absolue. Quand vous entreprendrez cette démarche, je peux vous assurer que vous commencerez à comprendre et à réaliser le but unique qui est le vôtre sur cette terre. Cet engagement exige du temps, de l'énergie et une volonté d'ouvrir votre cœur et votre esprit au changement. La première étape consiste à comprendre que *vous* êtes la force de changement dans votre vie. Personne d'autre que vous ne peut tracer votre destinée, réparer les torts qui vous ont été faits, guérir vos blessures ou vous dire quoi faire.

> *Vous devez prendre la pleine et entière responsabilité pour ce merveilleux talent qui vous a été accordé à la naissance, le pouvoir de créer votre vie comme une œuvre d'art.*

La vie est beaucoup trop précieuse pour laisser quoi que ce soit vous empêcher de réaliser votre plus grande ambition, c'est-à-dire la réalisation de votre mission divine. Vous êtes l'artiste, et la toile, c'est votre vie. À partir de ce moment, en acceptant ce fait, vous entreprenez la création de cette œuvre d'art qu'est votre existence. Pour recevoir pleinement ce cadeau, vous devez être prêt à devenir pleinement responsable de tout ce qui ce produit dans votre vie à partir de maintenant.

Vous pouvez tirer beaucoup de pouvoir, de même qu'un grand sentiment de paix en reprenant possession de votre vie. Ce faisant, vous commencerez à remarquer que chaque personne, situation et expérience présente une possibilité de croissance spirituelle. Vous comprendrez que vous possédez à l'intérieur de vous-même le pouvoir de faire tout ce qu'il faut pour apporter des changements aux aspects de votre vie qui vous semblent inadéquats. Quand vous déciderez d'adhérer à cette vérité, il est fort possible que vous vous sentiez envahi par un émoi profond. Vous risquez également de faire face à une dure réalité, celle d'avoir fait des choix peu judicieux dans votre vie, peut-être en restant dans une relation qui détruisait votre estime de vous-même ou en dépensant trop d'argent et en accumulant trop de dettes. Ces mauvais choix risquent de vous obliger à faire des changements qui vous dépassent et qui vous font peur. Par exemple, vous pourriez devoir remettre sérieusement en question une relation importante ou décider de garder un emploi plus ou moins satisfaisant dans le but de rembourser la dette que vous avez accumulée au fil des ans.

Quelles que soient les difficultés en cause, il vous faut prendre votre situation actuelle en main. Lorsque vous êtes aveuglé par la douleur causée par votre insatisfaction, toutes les options semblent disparaître. Par exemple, si vous travaillez à temps plein, prenez soin d'un parent âgé et arrivez à peine à payer vos factures, vous n'avez probablement aucun espoir que votre situation s'améliore. Lorsque vous ne pouvez pas voir clairement les possibilités qui s'offrent à vous et que vous éprouvez une grande frustration, il est naturel que vous ayez l'impression d'être une victime des circonstances. Or, quand vous reprenez possession de votre vie, vous cessez de gaspiller votre énergie créative à l'extérieur de vous-même et commencez à employer vos ressources intérieures pour aller dans la bonne direction. Vous vous mettez à voir chaque situation comme une possibilité d'évoluer et de grandir. Quand vous voyez la vie dans cette optique, *vous avez toujours des choix*. Par exemple, vous pouvez décider d'utiliser la situation avec votre parent âgé comme une occasion de vous habituer à demander de l'aide et à en recevoir. En adoptant le point de vue d'un artiste, vous découvrirez rapidement que tout est possible !

Voici de bonnes nouvelles qui devraient vous motiver : quand vous prenez votre vie en main, une puissante force divine se met à soutenir vos efforts. Cette force vous apportera exactement ce dont vous avez besoin pour faire les changements qui amélioreront votre vie. Et vous n'avez pas besoin d'y croire pour que cela se produise. J'ai souvent vu des personnes profondément non croyantes se faire ouvrir une porte au moment exact où elles en avaient besoin. Je me souviens en particulier de la surprise d'un client sceptique qui avait reçu un coup de téléphone inattendu d'un ancien employeur lui demandant de revenir au travail *le lendemain* du jour où il avait été victime d'une mise à pied. Il en parle encore aujourd'hui avec étonnement !

Vous aurez amplement l'occasion de faire usage de votre créativité si vous vous êtes déjà entendu prononcer les phrases suivantes :

– Les choses se déroulent toujours mal pour moi.
– Ouis, mais…
– J'ai besoin que quelqu'un me tire d'affaire.
– La vie est injuste, c'est toujours à moi que ces choses-là arrivent.
– Tu ne comprends pas, je n'ai rien à voir là-dedans, c'est la faute de...
– Je ne veux pas être un adulte.
– Ça n'en vaut pas la peine…
– Je n'ai tout simplement pas de chance.
– Je ne peux rien y faire ; ma situation est unique.

Si vous vous reconnaissez dans les phrases ci-dessus, ne vous en faites pas. La conscience de soi est la première étape dans le parcours menant à la reprise en charge de sa vie. Vous devez tout simplement vous faire rappeler le pouvoir que vous possédez réellement. Laissez-moi vous montrer deux exercices tout simples qui illustrent bien mes propos.

Un week-end du début de juin, j'ai eu le privilège de m'adresser aux fidèles de l'église Mile Hi de Lakewood, au Colorado. À la fin de ma conférence, j'ai bavardé avec Karen Thomas, directrice des activités. Au cours de notre conversation, Karen m'a dit que Richard Bach, auteur du best-seller *Jonathan Livingston le goéland* (entre autres), avait récemment rendu visite à son église pour y animer un atelier pendant tout un week-end. Quand je lui ai dit que j'admirais grandement le travail de l'écrivain, elle m'a remis les cassettes où avait été enregistré son atelier. J'ai eu un énorme plaisir à l'écouter parler.

Au volant de ma voiture, j'ai dressé l'oreille lorsque Richard s'est mis à parler d'un petit exercice qu'il utilisait pour se rappeler sa capacité à créer sa propre réalité. Richard expliquait qu'il choisissait un objet au hasard, n'importe lequel, et gardait ensuite fermement à l'esprit l'image de cet objet. Puis, lorsqu'il arrivait enfin à voir clairement l'objet en pensée, il le laissait aller, en affirmant que l'objet se dirigeait vers lui. Il attendait alors la réapparition de l'image dans sa vie, sous une forme ou sous une autre.

Même si cet exercice me paraissait quelque peu simpliste, j'ai décidé de l'essayer et les résultats m'ont grandement surprise. J'ai garé ma voiture le long de la route, fermé les yeux et imaginé une belle tomate rouge bien mûre et bien juteuse. Lorsque j'ai pu me représenter clairement la tomate dans mon esprit, j'ai cessé d'y penser et repris la route pour me rendre à ma réunion. Tout en écoutant la radio, je revoyais l'image de temps en temps. Une heure plus tard, un camion qui roulait devant moi a bifurqué vers la voie de droite et, en le dépassant, j'ai aperçu sur la caisse une illustration représentant une énorme tomate rouge bien mûre et bien juteuse. Eh bien, me suis-je dit, ce truc fonctionne peut-être après tout.

Sceptique de nature, j'ai décidé d'essayer de nouveau. Cette fois, j'ai imaginé une Rolls-Royce (une voiture que l'on voit rarement dans la région où j'habite). Une fois l'image clairement en tête, j'ai cessé d'y penser. Le matin suivant, en revenant chez moi après avoir rendu visite à une amie, j'ai aperçu non pas une, mais deux Rolls-Royce dans un intervalle de trente minutes !

Qu'est-ce qu'une tomate ou une Rolls-Royce ont à voir avec le pouvoir de créer votre propre vie ? *Vos pensées sont comme des aimants*. Ce à quoi vous pensez et portez attention ressurgit dans votre vie. Lorsque vous dirigez votre énergie émotionnelle et mentale vers une pensée particulière, vous attirez vers vous la manifestation physique de cette pensée. Par exemple, avez-vous déjà remarqué que, quand vous apprenez un nouveau mot, vous vous mettez à le voir partout ? Ou que quand vous commencez à porter une nouvelle couleur, tout le monde semble l'avoir adoptée en même temps que vous ? Ce sont là de petits rappels d'un plus vaste principe spirituel – *vos pensées façonnent votre vie !*

Pourquoi ne pas essayer ce petit exercice ? Même si cela peut vous sembler stupide et même un peu étrange, arrêtez-vous immédiatement et choisissez une image, n'importe laquelle, peu importe son caractère inhabituel. Lorsque vous l'aurez trouvée, prenez quelques minutes pour la visualiser clairement dans votre esprit. Conférez un pouvoir à cette image en vous « attendant » à la voir avec confiance, sans trop forcer les choses. Puis, laissez-la aller. Au cours de la journée, laissez l'image surgir dans votre esprit de temps à autre, mais ne vous acharnez pas trop à l'imaginer à nouveau. Détendez-vous en vous contentant d'en prendre acte. Remarquez combien de temps s'écoule avant que l'image apparaisse dans votre vie. Cela peut prendre une heure, un jour ou même une semaine. Restez ouvert à l'idée de sa matérialisation. J'ai remarqué que plus je fais cet exercice souvent, plus les objets apparaissent rapidement. Après quelques tentatives couronnées de succès, vous commencerez à réaliser que vous êtes un artiste aux mille possibilités.

Passez à l'action ! Imaginez le changement

Maintenant, pour consolider davantage cette nouvelle croyance, appliquons cette même méthode à un aspect de votre vie que vous souhaiteriez changer. Par exemple, si quelque chose fonctionne mal dans votre vie, arrêtez-vous, imaginez une situation différente et revenez à cette image chaque fois que vous vous sentez envahi par la peur et la résignation. Choisissez maintenant un aspect spécifique à changer :

L'aspect de ma vie que j'aimerais changer est : penser au malheur

La nouvelle situation que j'aimerais envisager est : vivre sans crainte

Lorsque vous aurez votre nouvelle image, concentrez-vous intensément sur elle, au point de réellement *sentir* ce que ce serait de vivre cette nouvelle réalité. Puis, répondez aux questions suivantes :

En quoi votre vie serait-elle différente avec cette nouvelle situation ? j'essayerai plus de choses
j'apprécierai plus l'instant présent
j'appréhenderai différement le futur
je prendrai plus de risques

En quoi cette nouvelle situation vous avantagerait-elle ?
My life will be more excited.

Si vous avez de la difficulté à garder cette image dans votre esprit (ne vous en faites pas, vous êtes loin d'être le seul), passez à cet autre exercice :

Pour vous aider à imaginer votre nouvelle situation, décrivez-là en détail ici : Vivre sans crainte. Profiter de ma vie pleinement.

Une fois que vous aurez décrit en détail la nouvelle situation ou expérience, vous serez prêt à en résumer les détails en une seule phrase à caractère positif. Mais, voyons d'abord un exemple.

Lorsque Dalia s'est plainte de l'impossibilité de trouver une gardienne pour ses trois petits garçons, j'ai décidé d'avoir recours à cet exercice, histoire de lui rappeler qui est au poste de commande. Comme c'est souvent le cas avec les gardiennes, chaque fois que Dalia trouvait une candidate qui lui plaisait, un empêchement survenait et mettait fin à l'arrangement. La première gardienne avait trouvé un emploi dans un restaurant des environs et la deuxième était déménagée dans une autre ville. La troisième, quant à elle, avait décidé de travailler à temps plein chez une voisine. Inutile de dire que Dalia se sentait très frustrée et s'était résignée à se débrouiller toute seule. Lorsque je l'ai invitée à raviver en elle un sentiment d'espoir en décrivant par écrit ses nouvelles attentes, voici ce qui en a résulté :

> *Je veux avoir accès à un nombre suffisant de gardiennes pour éviter qu'une annulation inattendue ne mette mon horaire sens dessus dessous. Je veux que mes gardiennes apprécient la compagnie de mes enfants et aient hâte de les voir. Elles doivent être responsable et aimantes et je veux que mes garçons apprécient leur compagnie. Je souhaite également qu'elles soient fiables, qu'elles aient des honoraires abordables et que la perspective de travailler chez moi les enthousiasme.*

Une fois qu'elle eut clarifié ses attentes, je l'ai aidée à les résumer en une phrase, que voici :

J'ai un choix de gardiennes responsables et fiab prennent tendrement soin de mes fils dans la l'harmonie.

Dalia était prête pour la prochaine étape. Je lui ai alors demandé d'écrire la phrase quinze fois dans son journal intime. Il y a plusieurs années, j'ai emprunté cet exercice à Scott Adams (auteur de la bande dessinée *Dilbert*) ; il disait alors que quand il voulait vraiment que quelque chose se produise dans sa vie, il formulait son souhait en une phrase, qu'il recopiait ensuite au moins quinze fois par écrit. Toujours prête à essayer de nouvelles idées suggérées par des gens qui réussissent, j'ai alors décidé d'incorporer cet exercice à ma vie. Chaque fois que je souhaite que quelque chose de précis survienne dans ma vie, j'écris au moins quinze fois dans mon journal (ou sur un morceau de papier) une phrase qui exprime ce désir. Puis, j'ajoute ma touche personnelle – je récite une petite prière que j'utilise toujours dans ces circonstances : « Mon Dieu, faites que cette situation ou une meilleure vienne s'installer dans ma vie. ». Chaque fois que j'écris la phrase, j'imagine que je creuse un sillon dans le disque de mon esprit. Et à mesure que ce sillon s'approfondit, j'attire peu à peu vers moi le résultat final.

C'est maintenant votre tour. Inscrivez votre phrase ici :

J'ai un emploi à temps plein et stable qui paye bien et qui me rend heureuse le meilleur emploi pour moi

Maintenant que vous avez une idée claire de la façon dont vous aimeriez que votre situation change, recopiez cette phrase dans votre journal au moins quinze fois.

Dalia a eu beau comprendre clairement ce qu'elle voulait installer dans sa vie, son travail ne s'arrêtait pas là pour autant. En effet, ces exercices ne sont pas magiques. Ils servent à orienter votre esprit dans la direction de vos désirs. *Un esprit solide est la première défense contre le sentiment d'être une victime.* Dalia s'est alors mise à passer le mot dans son quartier et à dire à toutes ses amies qu'elle cherchait à trouver au moins trois gardiennes pour ses garçons. Elle a affiché une annonce à l'école de ses enfants, à sa bibliothèque de quartier et sur le babillard de son église. Une semaine plus tard, elle a reçu un appel téléphonique d'une étudiante de l'université de la région qui avait besoin d'un peu d'argent et qui pouvait prendre soin de ses garçons deux après-midi par semaine. Lorsque la jeune fille a commencé à travailler, elle a parlé de l'emploi à une de ses amies qui avait elle aussi besoin d'argent. Étudiante en développement de l'enfance, cette amie adorait les tout-petits. Ainsi, Dalia avait rapidement déniché sa gardienne numéro deux. À ce stade, elle a commencé à prendre conscience du pouvoir qu'elle possédait d'affronter n'importe quelle situation, peu importe son caractère apparemment insurmontable ou difficile.

Malgré leur apparence simpliste, j'ai vu ces exercices réussir à maintes reprises, tant dans ma vie que dans celle de mes clients. Plus souvent qu'autrement, les résultats finaux m'ont ébahie. Je vous invite donc à mettre votre scepticisme de côté et à essayer. Considérez cela comme une expérience. Dès que votre esprit analytique se met de la partie et vous chuchote à l'oreille que cet exercice n'a pas de sens, souriez et oubliez cette pensée. Si vous vous mettez à faire ces deux exercices tout simples, vous pourriez bien finir par joindre les rangs des convertis !

Il vous est peut-être difficile de croire que vos pensées, vos émotions et votre énergie peuvent influer sur votre vie, mais je suis certaine que vous avez été témoin de ce phénomène auparavant. Par exemple, combien de fois avez-vous commencé la journée du mauvais pied, pour ensuite rencontrer embûche après embûche ? Vous vous levez en retard et pendant que vous vous préparez en quatrième vitesse pour aller au travail, vos pensées négatives attirent vers vous toutes les frustrations imaginables. En enfilant vos vêtements, vous faites sauter un des boutons de votre chemise et, aussitôt, vous vous blâmez de ne pas être allé au lit plus tôt. Votre frustration ne fait que vous éreinter davantage et vous oubliez où vous avez mis vos choses, comme les clés de votre voiture ou des documents importants pour votre travail. Quand vous arrivez enfin à quitter la maison, vous vous rendez compte peu après que vous avez oublié votre agenda. Vos pensées négatives, qui ont commencé à vous assaillir dès votre réveil, nourrissent vos émotions et influent sur votre énergie, attirant vers vous la dernière chose dont vous avez besoin : toujours plus de frustration.

Si vous reconnaissez le pouvoir créatif de vos pensées, vous savez que c'est votre négativité qui vous a mené à ce point. Fort de cette prise de conscience, 1) vous vous arrêtez un moment pour respirer, 2) vous évaluez la situation et 3) vous changez votre façon de voir les choses, sachant que vous pouvez créer une nouvelle situation en pensant différemment.

J'ai également vu ce même phénomène se produire, mais dans un sens plus positif. Je me souviens d'un jour en particulier. Levée d'excellente humeur, j'ai aussitôt sauté dans la douche. Une fois à l'intérieur de la cabine, je me suis aperçue que je n'avais plus de savon à la lavande – parfum que j'adore par-dessus tout. Je me suis alors promis mentalement d'en acheter d'autre. Quand je suis sortie de la maison, j'ai remarqué le jardin de mon voisin et me suis dit que je devrais acheter des fleurs à mon retour.

J'ai alors vaqué à mes occupations pendant la matinée, et en revenant à la maison, je suis passée par le bureau de poste pour ramasser mon courrier. Parmi plusieurs enveloppes se trouvait une petite boîte. Peu après, en arrivant à la maison, j'ai aperçu un camion de fleuriste qui venait de s'arrêter dans mon entrée. Un ami m'avait envoyé à l'improviste un superbe bouquet d'orchidées (une de mes fleurs favorites). Cet événement arrivé juste à point m'a grandement surprise. J'avais tout d'un coup l'impression que tout « coulait de source ». Je me suis ensuite assise pour ouvrir mon courrier, en commençant par la petite boîte. Quelle n'a pas été ma surprise d'y trouver plusieurs savons à la lavande qui exhalaient un divin parfum. À ce moment-là, j'ai souri, sachant que même si ces événements pouvaient avoir l'air de coïncidences, je les considérais comme une indication de la puissance réelle de mes pensées et de mes intentions. Le fait d'être dans un état d'esprit favorable a créé une atmosphère et une énergie qui ont attiré vers moi ce dont j'avais besoin.

Portez attention !

À mesure que vous commencez à voir votre vie selon le point de vue d'un artiste et à reconnaître que votre monde extérieur n'est qu'un reflet de votre monde intérieur, un monde que vous pouvez créer, vous êtes prêt à adopter ce que j'appelle un « réflexe auto-réflexif ». Ce réflexe vous permet de voir votre monde selon l'optique suivante : « Tout ce qui arrive résulte de mon intention et constitue, par conséquent, une occasion pour moi d'approfondir ma spiritualité. ».

Fort de cette façon de voir, vous commencerez tout naturellement à aborder chaque expérience de vie en vous posant la question suivante : « Comment puis-je mettre cette situation au service de ma croissance personnelle ? ». Par exemple, si un automobiliste vous coupe en pleine circulation, vous y voyez un signe vous indiquant que vous devriez peut-être ralentir ou ne pas tout prendre comme un affront personnel, au lieu de croire que quelqu'un vous a délibérément fait du tort. Ou si vous perdez votre emploi de façon inattendue, vous décidez de réévaluer l'orientation de votre carrière au lieu de penser que la vie est injuste à votre égard. Bien sûr, il importe de vous laisser éprouver et exprimer tous les sentiments qui accompagnent ce type de situation. Ce qu'il faut, c'est aller au-delà du blâme et de la critique et arriver à une position plus forte, où vous pouvez sentir en vous la puissance créative nécessaire pour utiliser n'importe quelle situation à votre avantage.

Pendant des années, j'ai pratiqué ce réflexe auto-réflexif. Je me suis entraînée à prendre possession de ma puissance créative en voyant chaque expérience de vie comme une chance d'évoluer et d'apprendre. Quand survient quelque chose qui cause chez moi une réaction, je me pose automatiquement les questions suivantes :

> Pourquoi ai-je attiré à moi cette expérience à ce moment précis ?
> Qu'est-ce que cette expérience essaie de m'apprendre ?
> Comment puis-je utiliser cette situation pour faire de moi une meilleure personne ?

Mon amie Fran a beaucoup appris en se posant ces questions quand elle a dû aider une amie mourante à mettre de l'ordre dans ses affaires. Fran avait peur de la mort et savait que c'était l'une des raisons pour lesquelles elle avait attiré cette expérience dans sa vie. Sa participation aux derniers jours de son amie a constitué pour elle un extraordinaire voyage qui lui a appris beaucoup de choses sur elle-même. Elle a cessé de voir la vie comme une source de crainte et s'est mise à y voir un motif de célébration. Et elle est ressortie de cette expérience encore plus forte, plus décidée que jamais à vivre une existence en accord avec ses priorités les plus chères.

La conscience constitue en elle-même une puissante force de changement. En vous posant les questions mentionnées précédemment, vous vous placez automatiquement dans une position de pouvoir, la position d'une personne qui est au poste de commande de sa vie.

Reprendre possession de votre vie et reconnaître que vos pensées et vos intentions influent directement sur les expériences que vous rencontrez est le premier pas dans la prise d'un engagement conscient envers votre évolution spirituelle. À mesure que vous progresserez dans la réalisation du programme décrit dans le présent livre, vous aurez l'occasion d'approfondir cette démarche.

Tournez votre regard vers l'intérieur

L'élément essentiel pour bâtir la confiance et l'estime de soi dont vous aurez besoin pour vivre pleinement votre vie est l'établissement d'une solide relation avec vous-même. Pour ce faire, il vous faut contrer les pressions de la société qui vous incitent à vous préoccuper de ce qui est autour de vous et tourner votre regard vers l'intérieur.

Nous vivons dans un monde qui nous tire constamment à l'extérieur de nous-mêmes : nouvelles sensationnalistes, personnages de films plus grands que nature, publicité se déversant sans arrêt à la télévision, à la radio, sur Internet et par la poste. À tout cela s'ajoutent les distractions individuelles : gagner sa vie, élever les enfants, suivre les politiques de l'entreprise et se tenir au courant, vous voyez ce que je veux dire. Nous avons aussi tendance à concentrer notre attention sur tout sauf le moment présent. Nous sommes soit aspirés vers le passé, soit projetés dans l'avenir, sans jamais vivre « maintenant ». Or, cette tendance est problématique, car c'est dans le présent qu'il est possible de faire usage de notre plus grande puissance créative. Plus nous vivons hors du moment présent, plus nous accordons de l'importance aux résultats, aux réalisations et aux possessions externes ainsi qu'à l'opinion des autres.

En vous engageant à tourner votre regard vers l'intérieur de façon régulière, vous prendrez l'habitude de chercher des réponses en vous-même. Vous pourrez alors faire les choix spirituels les plus importants de votre vie. En pratiquant des activités qui vous rapprocheront de vous-même, non seulement créerez-vous un lien solide avec votre univers intérieur, mais vous acquerrez la certitude que *vous pouvez vous faire confiance dans n'importe quelle situation*. Une relation solide et positive avec vous-même est essentielle. Il n'y a pas de raccourcis, de solutions faciles ni d'antidotes tout prêts d'avance. Vous êtes à la fois le point de départ et l'arrivée de ce voyage vers la confiance en soi et le courage.

Il est ironique de penser que pour bâtir une solide fondation de confiance et d'estime de soi, il suffise d'une chose si simple : passer du temps avec soi-même. Chacun et chacune d'entre nous avons notre propre façon unique d'établir un lien plus solide avec notre centre spirituel. Mais si la méthode est différente, l'objectif est le même : nous devons prendre régulièrement le temps à communier avec nous-même. La façon dont nous nous y prenons importe moins que notre engagement à maintenir une pratique régulière. Je m'étonne toujours de voir à quel point les gens savent toujours exactement ce qu'ils doivent faire pour créer un solide rapport avec eux-mêmes ; c'est de passer à l'action qui est difficile. Ainsi, je fais toujours confiance à la sagesse de mes clients. Lorsque je veux connaître le cheminement unique qu'un client adopte afin d'entrer à l'intérieur de lui-même, je lui pose tout simplement la question suivante :

Quelle est l'activité que vous savez devoir faire tous les jours afin de consolider votre relation avec vous-même ?

Quand je pose cette question, j'entends une variété de réponses. Voyez si l'une de ces activités vous siérait :

Marcher
Écrire dans un journal intime
Faire de l'exercice
Cuisiner
Ne rien faire
Écouter de la musique
Méditer ou réfléchir
Faire quelque chose de créatif : dessiner, peindre, chanter, danser, etc.
Prendre un bain
Passer du temps seul dans un coin de nature préféré

Comment entrez-vous en contact avec vous-même et votre centre spirituel ? Pendant des années, j'ai tenu un journal intime. Et je sais sans l'ombre d'un doute que cette simple activité me recentre plus rapidement que n'importe quelle autre. Lorsque j'écris dans mon journal, j'engage un dialogue avec moi-même. J'inscris mes émotions, mes réactions, mes besoins, mes désirs, mes peurs, etc., sur la page. Lorsque je m'adonne régulièrement à cette activité, je me sens plus en confiance et plus consciente de mes priorités, je fais de meilleurs choix et j'acquiers un sentiment de sécurité intérieure que rien d'extérieur à moi-même n'a jamais pu remplacer.

Quelle est l'activité qui a cet effet sur vous ? L'objectif d'une pratique quotidienne est de bâtir une alliance avec vous-même. Pardonnez le cliché, mais votre but est de devenir votre meilleur ami – quelqu'un à qui vous pouvez vous fier et vers qui vous pouvez vous tourner en toute situation. Cette simple activité peut avoir un profond effet sur votre amour-propre et votre estime de soi. Mais pour y arriver, il faut un solide engagement et beaucoup de discipline.

Pour commencer ce processus, répondez à cette question :

Quelle est l'activité que vous savez devoir faire tous les jours afin de consolider votre relation avec vous-même ?

Choisissez une activité à laquelle vous comptez vous adonner tous les jours et inscrivez-la ici : Ecrire dans un journal intime / Mots fléchés / Lecture /

Comme je l'ai mentionné précédemment, décider de la nature de l'activité est beaucoup plus facile que de s'engager à s'y adonner chaque jour. La prochaine étape consiste donc à déterminer comment vous allez pouvoir tenir cette promesse faite à vous-même. Quelles mesures devriez-vous prendre afin d'acquérir la discipline nécessaire pour y arriver ? Comment faire pour augmenter vos chances de succès ?

Avant tout, vous devez accepter qu'il vous arrive de temps en temps de ne pas pouvoir tenir cette promesse. Lorsque cela se produira, il vous faudra faire preuve de compassion envers vous-même et vous remettre en selle sans attendre. Plus vous prendrez l'habitude de vous remettre sur la bonne voie après un temps d'arrêt, plus ce temps d'arrêt sera court. Considérez la discipline comme un acte d'amour envers vous-même. Lorsque vous vous engagez dans une activité visant votre bien-être, vous augmentez automatiquement votre estime de vous-même; vous êtes donc plus susceptible d'avoir une haute opinion de vous. Or, pour développer ce muscle, il faut l'exercer sur une base continue.

L'autre moyen d'augmenter vos chances de réussite est de faire appel à votre partenaire ou à votre équipe de soutien pour qu'ils vous aident à rester sur la bonne voie. Prenez un engagement verbal et prévoyez téléphoner quotidiennement à quelqu'un pour faire le point pendant les trente premiers jours ; vous pourrez alors utiliser cette obligation de rendre des comptes pour mieux persévérer.

Enfin, établissez un calendrier d'activités régulières. Le corps s'adapte rapidement à la routine (et la préfère). Si vous prévoyez votre activité quotidienne à la même heure chaque jour, vous constaterez que vous graviterez tout naturellement vers votre engagement. Considérez cette routine comme un sillon que vous creusez pour vous-même. Plus le sillon s'approfondit, plus il est facile de rester sur la bonne voie. Inscrivez votre activité à votre calendrier et considérez-la comme sacrée. Ne laissez pas d'autres événements ni personne vous détourner de cet engagement.

Maintenant que vous avez établi cette activité quotidienne, vous êtes prêt à entreprendre la prochaine étape : créer un profond sentiment de sécurité intérieure.

L'immobilité : la clé de la sécurité intérieure

La méditation, c'est-à-dire l'art de se mettre à l'écoute de soi, est la métaphore parfaite pour exprimer la capacité de se couper du monde extérieur. Lorsque nous fermons les yeux, c'est comme si nous activions une commande qui nous met en contact avec ce qui se passe à l'intérieur de nous. Presque instantanément, nous prenons conscience de nos pensées et de nos sentiments.

Faites-en l'essai immédiatement. Fermez les yeux et prenez trois respirations lentes et profondes. Remarquez le changement énergétique qui s'opère dans votre corps et dans votre esprit.

Vous voyez ce que je veux dire ? Quand vous fermez les yeux, vous érigez un barrage entre vous et le monde extérieur. Une fois dans cette position, vous commencez à remarquer comment vous vous sentez et ce que vous pensez avec une intensité inconnue de la plupart d'entre nous en raison de nos vies occupées. Par exemple, vous remarquez soudain des sensations corporelles comme la faible profondeur de votre respiration ou les battements de votre cœur. Vous remarquez des sons qui vous échappaient auparavant, comme le bourdonnement de votre ordinateur ou les bruits de la circulation. Vous prenez conscience des pensées qui vous traversent la tête et des préoccupations de votre esprit qui s'inquiète, planifie et analyse à outrance. Lorsque vous apprenez à vous connecter à votre respiration sur une base régulière en fermant les yeux en respirant profondément, vous calmez votre système nerveux. Puis, à mesure que votre esprit s'apaise, vous entrez dans un état exempt de pensées qui vous permet de devenir un témoin objectif du moment présent.

La méditation peut présenter un défi pour ceux et celles d'entre nous qui sont habitués à être constamment occupés. Comme les avancements technologiques progressent à une vitesse folle, les gens sont de plus en plus en mesure d'imposer leurs exigences en matière de temps et d'énergie. Nous disposons de boîtes vocales, de courrier électronique, de téléphones cellulaires, de téléavertisseurs, de télécopieurs, de courrier postal et d'une myriade d'outils de gestion du temps. Sur une base quotidienne, nous sommes bombardés d'information et de stimuli. Ainsi, la société *American Demographics* rapporte qu'un employé de bureau moyen reçoit plus de 189 messages par jour. Cette hyperstimulation nous empêche de rester assis en silence pendant très longtemps.

Si vous êtes comme la plupart des gens, je suis sûre que vous avez remarqué l'hyperactivité de votre esprit si vous avez essayé de rester assis tranquille ou de méditer. Dès que vous fermez les yeux et que vous respirez, votre esprit vous attire vers l'extérieur en vous rappelant les choses que vous avez à faire (préoccupation à propos de l'avenir) ou ce que vous n'avez pas fait (préoccupation à propos du passé). C'est ce type de frénésie analytique qui empêche les gens de faire usage de cet important outil qu'est la méditation.

Vous n'avez pas besoin d'aller en retraite fermée pendant un mois ou de déménager en Inde pour apprendre comment demeurer immobile. Il existe des moyens simples pour faire dès maintenant l'expérience du pouvoir que recèle l'immobilité. Par exemple, quand vous faites la queue à l'épicerie, fermez doucement les yeux pendant plusieurs secondes et répétez les phrases suivantes : « Je me sens calme. Je me sens en paix. Je me sens détendu. ». Vous pouvez recourir à ce même exercice lorsque vous êtes coincé dans un bouchon de circulation ou que vous faites face à un problème corsé au travail.

L'Institute of Heartmath est un organisme sans but lucratif qui offre une variété d'outils permettant aux gens de s'apaiser l'esprit et de réduire leur degré de stress. Par exemple, on y enseigne une technique très utile appelée *Freeze-Frame* (gel d'image) qui aide à se stabiliser l'esprit en se concentrant sur son cœur. Pour y arriver, détournez votre attention de votre esprit en posant doucement votre main sur votre cœur. En même temps que vous respirez, imaginez votre souffle entrer et sortir de votre cœur plutôt que de votre nez ou de votre bouche. Puis, rappelez à votre mémoire un souvenir agréable et positif. Continuez de respirer de cette façon pendant tout le temps dont vous disposez. Cet exercice vous permettra non seulement d'apaiser votre esprit, mais aussi de régulariser votre rythme cardiaque et d'améliorer vos fonctions cérébrales !

L'un de mes exercices favoris pour me tourner vers l'intérieur est décrit dans *The Power of Now*, un livre de Eckhart Tolle. L'auteur y propose un formidable moyen de faire l'expérience du moment présent. Voici ce qu'il dit : « Fermez les yeux et dites-vous à vous-même : "Je me demande en quoi consistera ma prochaine pensée." Puis, restez en éveil et attendez la prochaine pensée. Soyez comme un chat qui surveille un trou de souris. Quelle est la pensée qui surgira du trou ? ».

Si, en tentant cette expérience, vous avez de la difficulté à demeurer dans le moment présent, continuez tout simplement à vous répéter cette phrase : « Je me demande en quoi consistera ma prochaine pensée. ». Asseyez-vous et attendez patiemment ne serait-ce qu'un éclair de conscience du moment présent. Avec de l'entraînement, vous aurez de plus en plus de facilité à prolonger cet état.

Quand j'ai tenté cet exercice pour la première fois, j'ai tout de suite compris ce que Tolle voulait dire. Quand vous devenez un observateur hautement alerte de vos pensées, vous ne pouvez faire autrement que d'accéder à un état de conscience axé sur le présent. Cet état est intemporel et sans douleur. En vous adonnant régulièrement à ce simple exercice, vous renforcerez la capacité de votre esprit à demeurer dans cet état de grâce, état qui vous ramènera toujours à votre pouvoir.

Il est étonnant de constater le peu de temps que nous passons dans la tranquillité de notre être intérieur. Souvent, dans le cadre d'un atelier, quand je demande aux membres de mon auditoire de fermer les yeux pendant cinq minutes afin de prendre contact avec la voix de leur esprit, une bonne partie des gens éclatent en sanglots. Selon moi, cela indique clairement à quel point nous sommes peu à l'écoute de nous-mêmes.

Mon expérience m'a appris que la plupart des gens ont besoin de conseils quand ils commencent à pratiquer la méditation. C'est pourquoi, je recommande souvent l'usage de cassettes de relaxation guidée de courte durée (de dix à quinze minutes) pour faciliter le processus. Si vous êtes une personne à l'esprit préoccupé (et qui ne l'est pas ?), cet outil pourrait se révéler la meilleure façon de vous habituer à vous concentrer et à vous détendre. Trop souvent, nous sommes assaillis par des pensées défaitistes quand nous essayons de méditer pour la première fois. Or, l'objectif est de faire de la pratique de la méditation une activité appréciée et non une corvée qu'on cherche à fuir. Les cassettes de relaxation guidée, grâce à leur voix réconfortante, aident à faire accéder votre esprit à un état de détente. Quand vous enseignez à votre esprit à se détendre, il apprend rapidement à se plier à votre souhait. Vous trouverez une liste de ressources en matière de cassettes et de cédéroms à la fin du présent chapitre.

Passez à l'action ! Apprenez à demeurer immobile

Pour vous aider à vous tourner vers l'intérieur avec aisance, j'aimerais vous proposer un exercice tout simple. La méditation qui suit est conçue pour « développer les muscles » qui vous permettent d'entrer à l'intérieur de vous-même. Au lieu de vous fournir des directives à suivre, j'aimerais vous donner un outil que vous pouvez utiliser à n'importe quel moment, et n'importe où – un processus de remémoration. Pour commencer, assoyez-vous confortablement sur une chaise ou étendez-vous sur le sol avec les jambes pliées. Concentrez-vous sur votre respiration d'une façon qui vous paraît confortable. Ne vous préoccupez pas de respirer de la *bonne* façon. Faites-vous confiance pour ce qui est de savoir ce dont vous avez besoin pour vous détendre. Quand vous serez prêt, suivez ce processus en trois étapes :

1. Prenez plusieurs respirations et détendez-vous.

2. Prenez cinq minutes pour repasser en détail un de vos souvenirs favoris. Par exemple, vous pourriez revoir dans votre esprit le jour de votre mariage, un pique-nique estival à l'occasion duquel vous avez joué au softball avec un groupe d'amis, ou votre fils ou votre fille faisant ses premiers pas. En nous rappelant ces événements, laissez-vous voir, entendre, sentir et humer toute la scène dans les moindres détails. Lorsque vous aurez fini, passez à l'étape trois.
3. Prenez quelques respirations profondes et revenez à votre corps.

Le but de cet exercice est de vous apprendre à maîtriser vos pensées tout en restant assis dans l'immobilité. Il est possible de varier la deuxième étape de diverses façons. Par exemple, vous pourriez vous imaginer en train de vous adonner à une activité que vous adorez, comme peindre, nager ou faire du jogging dans votre parc favori. Quand vous faites l'exercice, assurez-vous de laissez votre esprit revivre l'expérience dans ses moindres détails. Comment vous sentiez-vous ? Qu'avez-vous vu ? Qu'avez-vous entendu ? Goûtez pleinement à la joie que vous procure la remémoration de cet événement. Dans les premiers temps de votre pratique méditative, le fait de vous concentrer sur quelque chose de précis vous aidera à rester immobile. Plus vous pratiquerez cette technique, plus vous aurez de facilité à vous asseoir en silence et à faire doucement taire vos pensées afin de vivre pleinement le moment présent.

La méditation présente de nombreux avantages. Par exemple, elle vous enseigne à maîtriser vos pensées de façon à concentrer votre esprit. Elle améliore votre capacité de visualisation – une compétence importante à acquérir pour un artiste. La méditation comporte aussi de nombreux avantages sur le plan physique. Elle aide à la détente et à la réduction du stress, contribue à faire baisser les taux de cortisol (une hormone sécrétée dans les moments de stress) et renforce l'immunité. Elle a également donné de bons résultats dans le traitement de la douleur chronique.

Mais ce qui importe le plus, c'est qu'apprendre à méditer vous fera vivre une expérience unique : entrer en contact avec une présence plus vaste et plus puissante que votre être individuel. Lorsque cela se produira, vous comprendrez soudainement la valeur de cette importante discipline. En effet, quand vous entrez en contact avec une conscience universelle et collective, vous accédez à une profusion de pouvoir et de paix qui crée chez vous un profond sentiment de sécurité intérieure. Et chaque fois que vous retournez à ce lieu de pouvoir, vous consolidez votre confiance en vous-même.

Apprenez à vous faire confiance

Apprendre à vous faire confiance est un aspect important du processus de construction de cette solide fondation qui vous permettra de vivre votre vie. Quand j'ai cherché la définition du mot « confiance » dans le dictionnaire, j'ai trouvé une excellente prescription : « La confiance est l'espérance ferme, l'assurance de celle ou celui qui se fie à l'intégrité et à l'honnêteté d'une personne. La confiance est une chose que l'on confie à quelqu'un pour qu'il en fasse usage ou le préserve. ». En d'autres termes, vous apprenez à vous faire confiance quand vous vous comportez d'une façon qui fait honneur à la personne que vous êtes.

À quel point pouvez-vous vous faire confiance ? Pour le savoir, évaluez-vous en répondant aux questions suivantes :

– Respectez-vous adéquatement vos besoins ? Dormez-vous quand vous êtes fatigué, mangez-vous quand vous avez faim, prenez-vous une pause quand vous êtes stressé ? Donnez-vous une note sur une échelle de 1 à 10, 1 voulant dire « pas du tout » et 10 « toujours ».

1-2-3-4-5-6-7-8-9-10

– Quand vous vous faites des promesses à vous-même, les tenez-vous ? Par exemple, si vous vous promettez de passer une soirée tranquille seul avec vous-même à lire un bon livre, annulez-vous ce projet dès que se présente une invitation inattendue ?

1-2-3-4-5-6-7-8-9-10

– Vous faites-vous confiance quand il s'agit de faire des choix difficiles ? Par exemple, mettrez-vous fin à une relation qui compromet votre estime de vous-même ou quitterez-vous un emploi qui vous permet de bien vivre, mais qui ne vous satisfait pas ?

1-2-3-4-5-6-7-8-9-10

– Êtes-vous capable de vous affirmer clairement quand quelqu'un dépasse les limites que vous vous êtes tracées ou se comporte de façon inappropriée ? Par exemple, êtes-vous capable de dire à un ami que vous n'aimez pas qu'il vous taquine, vous juge ou vous critique ?

1-2-3-4-5-6-7-8-9-10

Qu'avez-vous appris à propos de vous-même et du degré auquel vous pouvez vous faire confiance ? Écrivez dans votre journal un texte sur les changements que vous devriez apporter pour être plus digne de confiance.

Votre capacité de présider à votre propre destinée dépend de l'acquisition d'une solide fondation de sécurité intérieure – afin de croire en vous-même et en la vision que vous avez de votre vie. Vous devez agir d'une façon qui démontre clairement que vous êtes digne de confiance pour ce qui est de la réalisation de vos besoins et de vos désirs. Quand vous aurez installé ce type de confiance, vous serez mieux en mesure d'évaluer comment vous vous sentez vraiment et d'utiliser ces sentiments pour guider vos choix – des choix qui commanderont votre respect. À mesure que cela se produira, vous accorderez de moins en moins d'importance aux opinions des autres et serez mieux en mesure de prendre les décisions allant dans le sens de vos désirs et de vos besoins. Et l'une des façons de déterminer quels sont ces besoins est de vous mettre à l'écoute de vos émotions.

Agissez moins, sentez plus

Un grand nombre d'entre nous faisons des pieds et des mains pour maintenir la cadence de la vie en société. Des ordinateurs ultra-rapides et des systèmes Internet à haute vitesse forcent nos esprits et nos corps à s'ajuster à des rythmes toujours croissants. Les stratégies sonores et visuelles employées par les entreprises publicitaires et les chaînes d'information continue sur-stimulent quotidiennement notre système nerveux. Ainsi, dorénavant, quand nous regardons CNN ou d'autres chaînes d'information, nous pouvons prendre en même temps connaissance des valeurs boursières, des résultats sportifs et d'autres nouvelles de dernière heure.

Quand nous constatons à quel point il est difficile de demeurer en contact avec notre être intérieur, nous nous butons à une vérité incontournable : *Nous vivons dans un monde qui nous force à nous couper de la chose même dont nous aurions besoin pour donner un sens profond à notre vie et avoir une existence comblée : la capacité de demeurer en contact avec nos émotions.*

La plupart d'entre nous vivons constamment dans notre tête – à réfléchir, calculer, anticiper, accomplir plusieurs tâches à la fois, analyser et agir, agir, agir. Cette attention démesurée accordée à l'information nous amène à donner une trop grande importance à ce que nous *savons*, au détriment de ce que nous *sentons*. Or, malheureusement, pour vivre une vie riche et satisfaisante, il ne suffit pas de penser, mais il faut aussi sentir. Par exemple, quand vous rencontrez vos amis, ce n'est probablement pas vos conversations sur la politique ou le travail qui vous procurent un sentiment de communion, mais plutôt le sentiment de joie et de camaraderie que leur présence éveille en vous. Vos conversations ont beau être intellectuellement stimulantes, mais n'est-ce pas les rires, l'amour et le sentiment de communion que vous retenez le plus souvent de ces rencontres ?

Les sentiments sont notre système de guidage interne, notre compas émotionnel. Quand vous permettez à ce compas de diriger vos actions, vous bâtissez votre confiance en vous-même. Quand vous avez faim, vous mangez. Quand vous êtes fatigué, vous vous reposez. Quand vous vous sentez seul, vous recherchez la compagnie d'autrui. De façon très élémentaire, vos sentiments vous mettent en contact avec la partie la plus sage de vous-même. Ils vous disent à tout moment ce que vous devriez savoir.

Je suis toujours très touchée par les gens qui viennent me parler après une de mes présentations pour me faire part de leurs histoires personnelles. Souvent, quand une personne se met à pleurer en relatant les détails d'une situation donnée, elle n'en finit plus de s'excuser de ses larmes. Habituellement, je l'arrête en lui rappelant gentiment qu'il est bon de pleurer. J'en suis venue à considérer les larmes comme un signal envoyé par notre âme, qui essaie de nous dire quelque chose d'important. Quand les gens obtiennent la permission de laisser libre cours à leurs sentiments, je peux voir une vague de soulagement emplir leur être.

Un grand nombre d'entre nous apprenons à ignorer nos sentiments très tôt dans la vie. On dit habituellement aux filles de cesser de pleurer ou d'éviter de se montrer trop sensibles, alors que les garçons apprennent à « agir en hommes ». Ce cruel manque de considération pour nos émotions a fait de la plupart d'entre nous des somnambules de la vie. Comme nous sommes coupés de notre centre émotionnel – notre compas intérieur –, il est normal que nous nous sentions perdus.

Le fait de s'ouvrir le cœur et de se permettre de sentir les choses peut faire peur au début. Il est fort probable que cette démarche suscite chez vous des sentiments de tristesse, de culpabilité, de peur, de colère ou d'autres émotions déplaisantes. C'est pour cette raison que tant de gens s'empêchent d'accéder à leurs émotions. Au cours de ma propre vie, j'ai appris que la souffrance était davantage provoquée par la répression de mes sentiments que par les sentiments eux-mêmes. En fait, quand nous négligeons d'exprimer pleinement nos émotions, ces sentiments réprimés peuvent grandement nuire à notre santé. Ravaler sa colère, sa tristesse ou son amertume et transporter ce lourd bagage dans notre corps peut entraîner toutes sortes de problèmes comme la dépression, la maladie physique et même la mort.

Nos émotions non exprimées peuvent aussi devenir des obstacles toxiques qui nous empêchent de progresser dans la vie. Je me souviens d'un bon exemple de ce type de situation, relaté par une femme qui a eu suffisamment de courage pour se lever durant un séminaire et admettre que sa colère était devenue si grande qu'elle l'avait rendue incapable d'éprouver quelle qu'émotion positive que ce soit. Elle a dit : « Je sais que ma colère réprimée est l'élément qui m'empêche d'accéder à ma passion. J'ai toute cette rage à l'intérieur de moi que j'ignore totalement comment surmonter. ».

Prenez contact avec vos émotions

Comment faire pour reprendre contact avec ses émotions ? Je vous recommande d'acquérir trois habitudes précises. Premièrement, vous devez cesser de trop en « faire ». Il vous faut intégrer à votre journée des périodes de repos régulières de façon à pouvoir vous reposer et être présent à vous-même. Deuxièmement, vous devez acquérir le réflexe de vérifier consciemment comment vous vous sentez. Et enfin, il vous faut trouver un « miroir fiable », c'est-à-dire une personne en qui vous avez confiance qui vous encouragera à exprimer vos sentiments à partir d'un lieu plus profond et plus spirituel et qui vous écoutera avec ouverture d'esprit et amour.

Passez à l'action ! Faites la chronique de vos humeurs pour entrer en contact avec vos émotions

Pendant la semaine qui vient, faites la chronique de vos humeurs. Emportez avec vous votre journal (qui peut être un petit bloc-notes) et, à divers moments de la journée, arrêtez-vous pour vous reposer et vérifier l'état de vos sentiments. Assurez-vous de noter ce que vous *éprouvez* et non ce que vous *pensez*. Vous pouvez faire cette démarche au lever, à l'heure du lunch ou au milieu de l'après-midi, moment où une pause est souvent bienvenue. Pour procéder, recopiez les questions suivantes dans votre journal et reportez-vous-y chaque jour aux moments que vous choisirez pour prendre le pouls de vos émotions. Fermez les yeux, prenez quelques respirations profondes et posez-vous les questions suivantes :

Qu'est-ce que j'éprouve présentement ?

Quelles sensations est-ce que je remarque à l'intérieur de mon corps ?

Quelles sont les images qui se présentent à mon esprit ?

Qu'est-ce que ces images ou ces émotions tentent de me dire à propos de moi-même ?

Y a-t-il quelque chose dont j'ai l'impression d'avoir besoin ou de vouloir ? Si c'est le cas, de quoi s'agit-il ?

Isabelle était une cliente qui utilisait l'avertisseur de sa montre-bracelet pour se rappeler de vérifier ses sentiments. À toutes les heures, quand sonnait le timbre de l'avertisseur, elle s'arrêtait, fermait les yeux pour bloquer toute distraction de l'extérieur et prenait conscience des émotions qu'elle ressentait à ce moment précis. Elle notait ensuite quelques phrases décrivant ses perceptions. Comme pour toute nouvelle aptitude, un entraînement régulier est nécessaire; peu à peu, Isabelle s'est mise à remarquer qu'elle était plus proche de ses émotions pendant toute la journée, que son avertisseur sonne ou non. Grâce à cette pratique quotidienne, un changement marqué s'est opéré dans ses interactions avec autrui. Isabelle disait se sentir plus proche des êtres qui lui étaient chers et de ses collègues de travail et éprouver fréquemment des moments de « grâce » – un sentiment de gratitude profonde pour ce que la vie lui apportait.

Passez à l'action ! Prévoyez du temps pour voir vos amis

Le fait de passer du temps de qualité avec un ami ou un membre de la famille en qui vous avez confiance constitue un autre moyen efficace de prendre le pouls de vos émotions. Il n'y a rien de mieux que de passer un après-midi ou une soirée à se détendre en ayant une conversation profonde avec une personne qui vous encourage à vous révéler tel que vous êtes. S'il y a des amis ou des parents qui suscitent tout naturellement ce genre d'échange quand vous vous trouvez en leur compagnie, il importe néanmoins de prévoir régulièrement à votre horaire ce type de rencontre. Lorsque vous prendrez l'habitude de partager votre vulnérabilité et votre sensibilité avec des personnes en qui vous avez confiance, croyez-moi, vous ne pourrez plus vous passer longtemps de ce type d'interaction. Le bavardage superficiel atteint ses limites très rapidement. N'oubliez pas de vous respecter en ne partageant que ce qui vous semble sûr. C'est un moyen important de bâtir votre confiance en vous-même.

J'ai la chance de prendre part à ce type d'échange profond sur une base régulière. Il y a dix ans, j'ai été invitée à me joindre à un « groupe de dialogue », c'est-à-dire des gens qui se rencontrent avec l'intention expresse de communiquer en puisant à même les profondeurs de leur être spirituel. Lors de nos rencontres de dialogue, chaque membre est encouragé à partager ses sentiments les plus intimes. Il n'est pas permis de rechercher un accord, de débattre, de faire des diagnostics ou d'essayer de remédier à des problèmes. L'intention est pure : révéler qui nous sommes dans un lieu sûr, entourés d'amis qui se bornent à être les témoins de notre authenticité. Je suis toujours surprise par la profondeur des sentiments que j'éprouve quand je suis en compagnie de ces formidables amis. Ainsi, ces réunions constituent encore aujourd'hui pour moi l'occasion de vivre les expériences les plus significatives et les plus riches de ma vie.

Avec qui partagerez-vous vos sentiments ? À quelle fréquence vous rencontrerez-vous ? Peut-être s'agit-il de votre partenaire ou d'une personne faisant partie de votre groupe « Reprenez votre vie en main ». Vous pouvez même décider d'utiliser l'une de vos réunions pour créer votre groupe de dialogue. Par exemple, vous pouvez vous rencontrer et commencer la réunion avec cinq ou dix minutes de méditation. Puis, quand le besoin se fait sentir, parler à partir des profondeurs de vous-même et exprimer vos émotions du moment. Donnez à chaque personne l'occasion de parler pendant que les autres membres du groupe ne font qu'être témoin des propos exprimés.

Par la suite, terminez la réunion en observant quelques minutes de silence pour célébrer le temps que vous avez passé ensemble.

Passez à l'action ! Guérissez vos blocages émotionnels

À mesure que vous prendrez contact avec vos émotions, il est fort probable que vous rencontriez des problèmes d'ordre émotionnel auxquels vous devrez vous attarder. Il peut s'agir d'un sentiment de colère ou de tristesse non résolu à l'égard d'un membre de votre famille ou d'un souvenir douloureux qui refait soudainement surface. Lorsque cela se produit, il importe de rester en contact avec vos émotions. Évitez de vous refermer sur vous-même ou d'essayer d'ignorer ces sentiments. Comme l'a très sagement dit une participante à l'une de nos émissions *Reprenez votre vie en main* : « Votre douleur vous rattrape toujours. ».

Je ne serais pas là où j'en suis présentement si je n'avais pas bénéficié du soutien et des conseils d'un *bon* thérapeute. J'utilise l'adjectif « bon » intentionnellement. J'ai connu trop de gens qui ont eu des expériences insatisfaisantes avec des thérapeutes et qui n'ont pas obtenu l'aide dont ils auraient eu besoin. Quand vous cherchez un thérapeute, commencez par demander à des amis, des parents ou les gens qui vous prodiguent déjà un type ou un autre de soin de santé (médecin, physiothérapeute, infirmière) de vous donner des noms de candidats possibles.

Quand vous trouvez un thérapeute, assurez-vous de lui poser une série de questions avant de prendre une décision. Renseignez-vous sur son bagage scolaire et son expérience. Par exemple, si vous décidez de vous pencher sur des problèmes liés à votre mariage ou à votre famille, assurez-vous que le thérapeute possède une formation particulière dans ce domaine. Demandez-lui aussi quelle méthode de traitement il favorise. Décrivez votre situation actuelle pour voir comment il vous recommande d'utiliser ses services à votre avantage.

Expliquez au thérapeute ce dont vous avez besoin. Mon expérience m'a appris que la plupart des clients préfèrent un thérapeute qui emploie une approche plus directive et orientée vers l'action. N'ayez pas peur d'obtenir tous les détails qui vous importent avant de prendre une décision. Et soyez prêt à interviewer autant de thérapeutes que nécessaire, jusqu'à ce que vous trouviez celui qui vous convient. N'hésitez pas à demander une période d'essai pour voir si vos attentes sont remplies. Vous devriez éprouver un sentiment de réconfort et d'enthousiasme à l'idée de travailler avec cette personne. Et surtout : ne cédez pas votre pouvoir à une personne simplement parce qu'elle possède un diplôme en assistance-psychologique. Les thérapeutes sont des personnes tout comme vous.

Passez à l'action ! Passez votre journée en revue pour déterminer les émotions qui l'ont traversée

Une autre façon de reprendre contact avec vos sentiments est de passer votre journée en revue en essayant de relier les diverses émotions qui l'ont traversée avec des événements spécifiques. Quand vous écrivez à propos d'un événement dans cette optique, vous plongez soudainement sous la surface et, plus que de simplement le rapporter objectivement, vous commencez à communier avec l'expérience vécue de façon plus étroite. Commencez cette démarche dès aujourd'hui en répondant aux questions suivantes dans votre journal :

– Quel est ou quels sont les événements significatifs qui sont survenus aujourd'hui ? (J'ai eu une excellente conversation avec ma meilleure amie, j'ai rendu visite à ma grand-mère qui me rend folle, je me suis exprimée avec trop de véhémence dans une réunion.)

– Comment me suis-je senti face à ces événements ? Quelles ont été mes réactions ?

Vous pouvez également prendre note de vos rêves. Les rêves peuvent constituer une merveilleuse fenêtre sur votre vie intérieure. Le matin, au lever, prenez quelques notes décrivant sommairement ce dont vous vous souvenez et les sentiments que ces rêves ont laissés en vous. Au fil du temps, à mesure que vous continuerez à porter attention aux images et aux émotions que vous procure votre univers onirique, non seulement vous souviendrez-vous davantage de vos rêves, mais vous serez en mesure d'associer vos sentiments avec les messages que vous envoie votre subconscient.

Voici certaines autres façons de prendre contact avec vos émotions :

– Le massage thérapeutique.

– La psychothérapie corporelle (thérapie qui préconise le travail corporel pour relâcher les émotions bloquées à l'intérieur du corps).

– Le psychodrame (thérapie axée vers l'action où les gens jouent des rôles afin de mieux comprendre leurs problèmes et trouver des solutions).

– Les cours d'improvisation théâtrale.

– Passer du temps avec des enfants.

Maintenant que vous avez entrepris cet important voyage vers l'établissement d'une relation plus profonde et plus significative avec vous-même, gardez à l'esprit les cinq importants messages que voici :

– Vos pensées sont comme des aimants. Elles façonnent votre vie.
– Il vous faut passer régulièrement du temps avec vous-même.
– Ralentissez. Faites-en moins et soyez davantage à l'écoute de vos émotions.
– Prenez des habitudes quotidiennes et maintenez-les afin de bâtir une solide confiance en vous-même.
– Vous avez toujours des choix.

En relisant ces cinq messages, quelles sont les trois mesures que vous êtes prêt à prendre ?

1.
2.
3.

À mesure que vous continuerez à passer à l'action au cours de ce voyage, vous saurez de mieux en mieux qui vous êtes.

Ressources

Livres

The Power of Now: A Guide to Spiritual Enlightement, par Eckhart Tolle (Hodder Mobius, 2001).

Le message d'Eckhart Tolle est simple : vivre dans le moment *présent* est le meilleur moyen d'atteindre le bonheur et l'illumination.

The Secret of the Shadow: The Power of Owning Your Whole Story, par Debbie Ford (Hodder Mobius, 2002).

Debbie Ford vous montre comment redécouvrir votre véritable essence, qui est dissimulée dans les zones d'ombre jalonnant l'histoire de votre vie.

The Heart of the Soul: Emotional Awareness, par Gary Zukav et Linda Francis (Simon & Schuster, 2002).

Gary Zukav et Linda Francis vous montreront comment cultiver une relation avec votre cœur, pour que vous puissiez vivre en harmonie avec votre âme.

Sark's Journal and Play ! Book: A Place to Dream While Awake, par SARK (Celestial Arts, 1993).

Ce journal à nul autre pareil est spacieux, léger, amusant et coloré – un espace extraordinaire pour écrire sur vous-même.

Self Matters: Creating Your Life From Inside Out, par Phillip C. McGraw (Simon & Schuster, 2001).

Dr Phil vous invite à trouver votre « moi authentique » – cette personne que vous étiez jadis, avant que les vicissitudes de la vie ne fassent leur œuvre.

Divine Intuition: Your Guide to Creating a Life You Love, par Lynn A. Robinson (DK Publishing, 2001).

Ce livre magnifiquement illustré vous aidera à créer une ressource intérieure (votre intuition) qui vous ouvrira le chemin vers vos espoirs et vos rêves.

Life Is Not a Stress Rehearsal, par Loretta LaRoche (Broadway Books, 2002).

L'ouvrage de Loretta vous offre une merveilleuse façon de réduire votre stress et de rire aux éclats, tout en reconsidérant sérieusement vos priorités.

Jonathan Livingston le goéland, par Richard Bach (HarperCollins, 1994).

Une merveilleuse fable sur l'importance le viser le plus haut possible.

Relaxation guidée

www.musicmoods.co.uk

Une formidable collection de cédéroms pour la méditation et la détente.

Australie

www.ozemail.com.au/~relaxed

Visitez ce site Web qui offre tout un éventail de musique et de bruits tirés de la nature, qui vous apaiseront l'esprit, le corps et l'âme.

Inspire

Pour une dose quotidienne d'inspiration, syntonisez l'émission « Inspire ».

Morning and Evening Meditations and Prayers, par Joan Borysenko (Hay House, 1997).

Cette cassette regorge de superbes méditations qui vous aideront à commencer et à terminer en beauté chacune de vos journées.

Mornings and Evenings: Music, Meditation and Prayer, par Marianne Williamson (Hay House, 1997).

Cette cassette vous permettra de commencer la journée rempli d'espoir et d'optimisme et de la terminer habité par un sentiment de paix, de détente et de satisfaction.

Autres

Go Goddess Games
www.gogoddess.com
(305) 661-6167

Go Goddess ! Est un jeu de société qui procure aux femmes un divertissant moyen d'exprimer librement leurs opinions et leurs rêves dans le cadre d'une communication ouverte et honnête.

www.paperchase.co.uk

Paperchase offre une excellente sélection de journaux et de bloc-notes que vous pouvez commander par courrier électronique ou par courrier postal.

CHAPITRE DEUX

Définissez vos valeurs

IL Y A DE NOMBREUSES ANNÉES, ALORS QUE JE suivais une formation en coaching auprès d'un organisme appelé Coach U, on m'a enseigné un exercice qui m'en a appris beaucoup sur moi-même. Selon l'une des philosophies de base de Coach U, pour qu'un coach soit en mesure d'offrir à ses clients le meilleur service possible, il doit s'engager lui-même dans une démarche active visant à améliorer sa qualité de vie. Conformément à cette philosophie, les coaches devaient effectuer une série d'exercices de croissance personnelle et de tests d'évaluation, ceux-là mêmes qu'ils feraient un jour passer à leurs clients.

L'un de ces exercices portait sur les « valeurs profondes ». Il était conçu pour aider les gens à découvrir leurs valeurs fondamentales, pour qu'ils puissent ensuite orienter leur vie en fonction de ce qui comptait vraiment pour eux. En effet, les valeurs représentent l'essence même de ce qui nous importe le plus dans la vie. Quand j'ai effectué ce test d'évaluation, j'ai soudain vu très clairement quelle était la corrélation entre les choses auxquelles j'accordais de la valeur et ma mission divine. Quand j'y repense, je me rends compte que c'est à ce moment-là que je me suis fait pour la première fois une idée de la façon dont je pourrais faire usage de mes talents et de mes dons pour rendre service aux autres.

Quand je travaille avec des clients pour les aider à déterminer quelles sont leurs valeurs, ils reprennent contact avec eux-mêmes de façon profonde et significative. Leur vie s'investit tout à coup d'un sens et une direction commence à apparaître. Ces personnes sentent qu'elles prennent une nouvelle orientation qui les aide à voir à quoi elles devraient (ou ne devraient pas) consacrer leur précieux temps et leur énergie.

Dans le cadre de votre démarche de redécouverte de vous-même et d'exploration de votre paysage intérieur, la clarification de vos valeurs peut vous aider à vous comprendre à un niveau beaucoup plus profond et plus spirituel.

Passez à l'action ! Déterminez quelles sont les valeurs qui vous sont essentielles

J'aimerais vous aider à trouver en quoi consistent vos valeurs. Vous trouverez ci-après une liste de mots – noms, verbes et groupes de mots – que je vous demande de lire. À mesure que vous lirez, j'aimerais que vous encercliez chaque mot ou groupe de mot qui vous semble important. Portez une attention particulière aux mots qui vous semblent s'imposer d'eux-mêmes ou à ceux qui vous conviennent tout particulièrement. Essayez de ne pas encercler les mots que vous croyez devoir choisir au détriment de ceux que vous voulez vraiment choisir. Encerclez tous les mots qui vous revoient à l'essence de votre être. Et ne réfléchissez pas trop. Fermez les yeux, prenez quelques respirations profondes, établissez un courant entre votre tête et votre cœur, puis répondez.

La liste des valeurs

Abondance
Accomplir
Accepter les autres
Acquérir
Aider
Alerte
Aller de l'avant
Âme
Améliorer
Amour
Apprécier
Apprendre
Art dramatique
Artistique
Assembler
Attentif
Attirer
Augmenter
Aux commandes
Aventure
Avoir un lien
Avoir du plaisir
Beauté
Bonheur
Bravoure
Calme
Capable
Catalyser
Causer
Changer
Circulation d'énergie
Coach
Communauté
Compassion
Complet
Comprendre
Concevoir
Confort
Congruent
Connexion
Construire
Contentement
Contribuer
Convaincre
Courage
Créer
Danger
Découvrir
Délice
Dépanner les autres
Détecter
Dévotion
Dévouement
Digne de confiance
Diriger
Discerner
Distinguer
Divertir
Donner de l'énergie
Donner la permission
Éclairer
Éduquer
Élaborer
Élégance
Élever
Éloquent
Émotion vive
En communion avec
Encourager
Énergie
Enjoué
Enrôler
Enseigner
Entreprendre
Entreprise
Entrer en rapport avec Dieu
Entrer en relation
Éprouver
Espace
Établir des normes
Étincelle
Être branché aux autres
Être conscient
Être éveillé
Être intégré
Être joyeux
Être passionné
Être présent
Être sensible
Être spirituel
Être uni
Excellence
Expérimenter
Expert
Expliquer
Faciliter
Faire l'expérience de
Famille
Favoriser
Fiable
Fonder
Gagner
Glamour
Goût
Gouverner
Grâce
Gratitude
Guider
Honnête
Honorer
Humour
Imagination
Impact
Insister
Influencer
Informer
Ingénuité
Inquisiteur
Inspirer
Instruire

Intégrer
Intégrité
Inventer
Joie de vivre
Jouer à des jeux
Le plus grand
Liberté
L'inconnu
Magnificence
Maîtrise
Marquer des points
Mettre au jour
Ministre
Miser
Modèle
Observer
Orchestrer
Originalité
Ouverture d'esprit
Oser
Paisible
Parfait
Patient
Percevoir
Persévérer
Personnes
Persuader
Plaisir
Planifier
Pourvoir
Préparer
Prévaloir
Prendre conscience
Prendre soin de
Quête
Raffiner
Rayonnement
Rayonner
Réaliser
Rechercher
Réfléchi
Règle
Régner
Religieux
Renforcer
Répondre
Responsable
Rêve
Réveiller
Révérence
Richesse
Rire
Risque
Romance
Sacré
S'amuser
Santé
Satisfait
Sécurité
Sensation
Sensuel
Sérénité
Servir
Se sentir bien
Sexe
Sincère
Soutenir
Spéculer
Spontané
Sports
Supériorité
Surpasser
Stimuler
Synthétiser
Tendresse
Toucher
Tourner
Transformer
Triomphe
Unifier
Unique
Vérité
Voir
Vulnérable

Une fois que vous aurez encerclé tous les mots et phrases que vous voulez, ajoutez les mots et groupes de mots qui vous semblent importants et qui ne figurent pas dans la liste ci-dessus :

1.
2.
3.
4.
5.

Maintenant que vous avez choisi tous les mots et les groupes de mots qui vous importent, j'aimerais que vous réduisiez cette liste à dix mots. Relisez les mots que vous avez encerclés et cochez ceux qui vous semblent vraiment importants. Parmi ceux-ci, choisissez-en dix et inscrivez-les ci-dessous :

1. Beauté
2. Digne de confiance
3. vérité
4. Santé
5. Joie de vivre
6. entrer en rapport avec Dieu
7. famille
8. Accomplir
9. Bonheur
10. ingénuité

Relisez la liste attentivement. Comment vous sentez-vous en lisant ces mots ? Vous semblent-ils évoquer votre être profond ? Représentent-ils une personne que vous aspirez à être ou quelque chose que vous souhaiteriez faire ? Éprouvez-vous un sentiment d'espoir et d'excitation quand vous lisez cette liste ?

Il est maintenant temps de réduire la liste encore davantage. Relisez vos dix mots ou groupes de mots et choisissez les quatre d'entre eux qui sont à vos yeux les plus importants. Certaines personnes savent immédiatement de quels mots il s'agit, alors que d'autres se sentent frustrées et inconfortables à l'idée d'en laisser tomber six. Ne vous énervez pas, car il n'y a pas de réponse parfaite. Vos valeurs pourraient bien changer avec le temps, à mesure que vous apprenez à mieux vous connaître. Pour rendre

…s facile, cherchez les mots qui en englobent …le, si vous avez coché les mots « inspirer » et … pourriez décider de choisir « inspirer » parce …llement le sens du mot « influencer ». Quelle … réponse, prenez votre temps et ne retenez que quatre mots ou groupes de mots – ceux qui représentent le mieux l'essence de votre être en ce moment. Vous êtes prêt ? Faites votre choix et inscrivez ici vos quatre valeurs essentielles :

1. Santé Joie de vivre.
2. Entrer en relation avec Dieu
3. Famille
4. Accomplir

Quand vous relisez cette liste, quel effet les mots qui s'y trouvent ont-ils sur vos émotions ? Vous font-ils sourire, vous enthousiasment-ils ou vous donnent-ils un sentiment de satisfaction ? Ils représentent vos valeurs essentielles.

Relisez de nouveau votre liste, puis prenez le temps de répondre aux questions suivantes dans votre journal :

– Qu'avez-vous appris sur vous-même à partir de cet exercice ?
– Comment ces valeurs s'expriment-elles déjà dans votre vie ?
– Quelles sont celles qui auraient encore besoin de s'exprimer d'une façon ou d'une autre ?
– Quand vous repensez à votre vie, comment ces valeurs ont-elles influé sur vos actions ?
– Comment décririez-vous une personne ayant ces valeurs ?

Cette dernière question peut être abordée avec votre partenaire ou votre groupe « Reprenez votre vie en main » et vous aidera à obtenir une nouvelle vision de vous-même. Par exemple, vous pouvez demander à tous les membres du groupe d'inscrire leurs valeurs sur un petit morceau de papier préalablement à votre rencontre. Le jour de la rencontre, mettez tous les morceaux de papier dans un panier et demandez à chacun des participants d'en piger un au hasard. Puis, faites un tour de table en demandant à chaque membre de décrire le type de personne qui représenterait le mieux les valeurs inscrites sur le papier choisi. Par exemple, si vous avez pigé un papier où figurent les valeurs amour, plaisir, apprendre et communauté, vous pourriez dire quelque chose comme ceci : « Cette personne aime s'amuser et apprécie la compagnie des autres. Elle a l'esprit ouvert et adore apprendre de nouvelles choses. Elle accorde probablement une grande valeur à la famille et il ne serait pas surprenant qu'elle s'investisse à fond dans sa communauté. ».

Certains clients affirment que lorsqu'ils ont clarifié leurs valeurs, ils éprouvent dans tout leur corps un profond sentiment de certitude. J'ai entendu des commentaires comme : « Oui, c'est assurément moi ! » ou « Je me sens enfin chez moi ».

Certains clients disent se sentir « réalignés » ou « orientés dans une nouvelle direction ». Une femme m'a affirmé : « Je sais maintenant clairement où je vais. ». D'autres éprouvent une tristesse profonde quand ils réalisent que l'existence qu'ils mènent n'a rien à voir avec les valeurs qu'ils se sont découvertes.

Les mots que vous avez choisis peuvent en réalité correspondre à un besoin ou à un désir plus qu'à des valeurs réelles déjà à l'œuvre dans votre vie. Ne vous en faites pas. L'expérience m'a enseigné qu'au début, même si vos choix de valeurs peuvent représenter un besoin, un désir ou l'expression réelle d'un talent particulier, ils correspondent toujours à quelque chose qui a un lien avec votre mission divine – c'est-à-dire votre croissance personnelle et spirituelle et votre façon de rendre service aux autres.

Lorsque j'ai moi-même fait cet exercice, il y a de nombreuses années, mes quatre valeurs essentielles étaient : inspirer, créer, être branché aux autres et apprendre. Lorsque j'y repense, je vois clairement que ces valeurs pointaient vers mon avenir : l'écriture, l'engagement communautaire et l'enseignement. À l'époque, « être branché aux autres » correspondait davantage à un besoin qu'à une valeur à l'œuvre dans ma vie. Je comprends maintenant que j'avais choisi cette valeur parce que j'avais besoin d'une plus grande présence communautaire dans ma vie. Et à partir de ce besoin est né le désir de créer une communauté dans la vie des autres aussi, que j'ai maintenant réalisé par la création des groupes « Reprenez votre vie en main » et de ma communauté virtuelle.

Vos valeurs ne représentent pas nécessairement le travail que vous êtes destiné à accomplir, mais plutôt les choses qui doivent être présentes dans votre vie pour que vous puissiez donner le meilleur de vous-même. Par exemple, l'une de mes clientes, qui avait choisi le mot « beauté », exprime cette valeur en créant de la beauté dans tous les domaines de sa vie. Il y a toujours des fleurs fraîches dans sa maison, elle séjourne régulièrement dans de merveilleux coins de campagne et elle adore porter de beaux vêtements.

Il est toujours intéressant de voir les réactions des gens quand ils réduisent leur liste à quatre valeurs. Je me souviens de l'expression d'une jeune femme quand j'ai fait faire cet exercice dans le cadre d'un petit atelier que j'animais à New York. Durant tout le processus, elle ne cessait de remuer nerveusement sur sa chaise. Et quand est venu le temps de faire part au groupe de ce qu'elle avait découvert, elle a bondi sur ses pieds et a récité ses quatre valeurs (joie de vivre, expérience, avoir du plaisir et contribution), puis a ajouté : « Maintenant, je sais pourquoi j'ai tant aimé enseigner le théâtre aux jeunes enfants du YMCA de mon quartier. Cela saute aux yeux. Je suis ici pour partager ma joie de vivre et mon enthousiasme avec d'autres et les aidant à avoir du plaisir ! Je comprends aussi où je perds mon temps. Je dois quitter l'emploi que j'occupe à la firme d'avocats de mon oncle, où j'ai essayé de me « mouler » à un travail qui n'a rien à voir avec qui je suis. ».

Je me souviens également d'une femme qui fronçait les sourcils. Elle se disait frustrée et confuse par sa liste. Quand elle relisait les valeurs qu'elle avait choisies, elle trouvait qu'elles n'avaient aucun sens. Lorsque je lui ai proposé de les revoir avec elle, nous avons découvert qu'elle avait choisi des mots représentant des choses qu'elle croyait devoir faire et non des mots qui touchaient réellement son cœur et son âme.

Mon client Keith, qui avait choisi les mots « construire, art dramatique, créer et artistique », comprenait comment deux de ces mots s'appliquaient déjà à sa vie (comme il était menuisier et cinéphile, les mots « construire et art dramatique » avaient beaucoup de sens pour lui). Pour ce qui était des deux autres, « créer et artistique », ils représentaient pour lui des valeurs qu'il souhaitait exprimer davantage dans sa vie. En effet, Keith fabriquait de beaux objets en bois qu'il désirait secrètement vendre au grand public. Artiste accompli, il avait, toutefois, de la difficulté à se croire digne de ce titre. L'exercice lui a donné le coup de pouce dont il avait besoin pour aller de l'avant et révéler son talent au monde entier.

Même si un tonitruant « oui ! » résonne dans tout votre être quand vous déterminez vos valeurs, il se peut que vous éprouviez un peu de gêne. Quand j'ai demandé à Maureen, une autre participante, de faire part de ses quatre valeurs au groupe, elle a obtempéré avec moult hésitations. Sa première réponse a été : « Ces valeurs me semblent plutôt hors de portée. ». Puis, à mesure qu'elle énumérait tout haut les mots qu'elle avait choisis, nous pouvions littéralement la voir se recroqueviller sur elle-même. Ses valeurs étaient « inspirer, entrer en rapport avec Dieu, diriger et être passionnée ». Lorsque je lui ai demandé pourquoi elle hésitait, elle a admis éprouver de l'embarras face à des valeurs d'une telle envergure. Je comprenais sa réaction. Nombre d'entre nous, quand nous entrons finalement en contact avec le cœur de notre être, avons de la difficulté à accepter la magnificence de notre essence spirituelle. Que vos valeurs soient davantage orientées vers l'intérieur comme « confort » ou « famille », ou vers l'extérieur comme « diriger » ou « risquer », elles sont tout aussi importantes. Souvenez-vous que nous avons tous et toutes reçu une éducation qui nous encourage à minimiser nos qualités ; il est donc normal que nous nous sentions quelque peu gênés ou embarrassés par nos valeurs.

Qu'avez-vous découvert à propos de vous-même en faisant cet exercice ? Vos valeurs sont-elles à l'œuvre dans votre vie ? Sinon, en quoi votre existence serait-elle différente si elles l'étaient ? À mesure que vous progresserez dans le programme exposé dans le présent livre, vous en viendrez à comprendre de plus en plus clairement en quoi consistent vos valeurs. Pour le moment, j'aimerais que vous inscriviez vos quatre mots ou groupes de mots sur une fiche que vous garderez à un endroit bien en vue ou aisément accessible (dans un coin de votre miroir, sur votre bureau, dans votre porte-feuilles, etc.). Relisez-les souvent pour bien les intégrer. N'hésitez pas à reprendre votre fiche à tout moment et à y apporter toutes les précisions que vous jugerez nécessaires. Vous devriez entendre résonner en vous un solide « oui » avant de poursuivre plus avant.

Le temps du changement est arrivé

Une fois que vous aurez clarifié vos valeurs, il y a de fortes chances pour que vous commenciez à comprendre en quoi votre vie devrait changer. Quand cela se produira, vous vous buterez probablement à une certaine résistance. Par exemple, vous pourriez vous entendre dire quelque chose du genre : « Les choses sont bien comme elles sont » ou « Je ne pourrai jamais y arriver parce que… » ou encore « Je n'ai pas droit à ça… ». J'aimerais souligner ici que nous avons tous et toutes appris à éviter le changement. On vous a probablement déjà demandé de « ne jamais changer », avec des grincements de dents éloquents.

Le changement fait peur parce que nous savons ce que nous laissons derrière, mais nous ignorons, viscéralement, ce que nous obtiendrons en retour. La peur de l'inconnu est très répandue, car nous possédons tous et toutes une fabuleuse imagination fortement teintée de négativité. Est-ce possible pour vous d'imaginer un aboutissement positif au changement ? Même les petits changements ?

Passez à l'action ! Ouvrez-vous au changement

Pour vous préparer à faire les changements qui centreront votre vie sur vos valeurs, essayons un petit exercice de réchauffement. Au cours de la semaine qui vient, engagez-vous à réaliser un simple changement chaque jour. Par exemple, vous pourriez :

Inverser l'ordre de votre routine matinale.
Prendre votre lunch à un endroit différent.
Essayer un nouvel aliment.
Rentrer à la maison en empruntant un chemin différent.
Lire un nouveau journal ou écouter une nouvelle station de radio.
Porter une nouvelle combinaison de vêtements choisis dans votre garde-robe.

Maintenant, c'est votre tour. Qu'allez-vous faire ?

Jour 1

Jour 2

Jour 3

Jour 4

Jour 5

Jour 6

Jour 7

L'important est d'apprivoiser le changement, qui n'est jamais, disons-le, aussi douloureux qu'on pourrait le croire. Au lieu d'y voir la perte de quelque chose que vous voulez ou dont vous avez besoin, décidez d'y voir l'obtention de quelque chose de formidable. Des recherches effectuées récemment suggèrent que les changements apportés à la routine quotidienne contribuent à améliorer les fonctions cérébrales et même à ralentir le processus de vieillissement ! Lorsque vous sentez venir la peur ou la résistance au changement, tournez-vous vers votre partenaire ou vers les membres de votre groupe pour obtenir du soutien.

Maintenant que vous êtes en bonne voie de vous sentir plus confortable face au changement, passons à l'étape suivante. Examinons certains des changements que vous pourriez faire pour centrer votre vie autour de vos valeurs.

Votre vie reflète-t-elle vos valeurs ?

Quand vous relisez vos quatre valeurs fondamentales, éprouvez-vous un sentiment de satisfaction à l'idée qu'elles s'expriment pleinement dans votre vie ? En quoi votre vie devrait-elle changer ? Quand j'ai fait cet exercice avec Greta, une participante à l'un de mes ateliers, ses dix valeurs se lisaient comme suit :

1. Amour
2. Être joyeux
3. Courage
4. Délice
5. Avoir du plaisir
6. Rire
7. Apprendre
8. Paisible
9. Stimuler
10. Gratitude

Lorsqu'elle a réduit sa liste, ses quatre valeurs essentielles étaient les suivantes :

1. Être joyeux	3. Apprendre
2. Amour	4. Courage

Une fois qu'elle eut déterminé ses quatre valeurs essentielles, voici certains des changements qu'elle savait devoir faire dans sa vie :

1. Passer plus de temps avec les gens que j'aime.
2. Prendre les cours de plongée sous-marine auxquels je rêve depuis des années.
3. Vivre à la campagne.
4. Apprendre l'italien.
5. Prendre mieux soin de moi-même.
6. Permettre à la joie de présider à mes décisions.

Maintenant, à partir de vos quatre valeurs essentielles, il est temps de considérer les changements que vous auriez besoin d'apporter à votre vie. Commencez cette démarche en plaçant devant vous votre liste de quatre valeurs essentielles. Puis, tout en lisant les questions qui suivent, dressez une liste des changements que vous pourriez apporter afin de mieux exprimer ces valeurs dans votre vie.

– Comment ma vie doit-elle changer afin de refléter ces valeurs ?
– Qu'ai-je besoin d'ajouter à ma vie ?
– Qu'ai-je besoin d'y enlever ?
– Quels changements majeurs dois-je envisager ?

Laissez votre esprit vagabonder en évitant de vous censurer. Inscrivez sur votre liste tout ce qui vous vient à l'esprit. Ne vous en faites pas si les changements vous font peur ou vous semblent impossibles; soyez honnête avec vous-même et inscrivez-les ici :

1. 6.
2. 7.
3. 8.
4. 9.
5. 10.

Maintenant, en relisant votre liste, résumez-la à trois grands changements que vous inscrirez ici :

1.
2.
3.

En regardant vos trois changements de vie, posez-vous cette importante question :

Quel genre de personne devrais-je être pour effectuer ces changements ?

Faudrait-il que vous soyez une personne capable de prendre des décisions, même au risque de blesser ou de décevoir certains membres de votre entourage ? Une personne qui n'a pas peur d'exprimer son pouvoir ou qui possède un courage extraordinaire ? Peut-être auriez-vous besoin de posséder la force émotionnelle de dire non ou de vous accorder suffisamment de valeur pour n'attendre et n'accepter que ce qu'il y a de mieux ?

Ouvrez votre journal et complétez la phrase suivante :

Pour pouvoir réaliser ces changements, il me faudrait être une personne qui :

Relisez vos trois changements de vie. Ce sont eux qui vous permettront de centrer votre existence sur vos valeurs. Mettez ensuite la liste de côté. Nous y reviendrons à une étape ultérieure du programme. Si ces changements vous paraissent difficiles ou irréalisables, ne vous en faites pas. Vous avez ce qu'il faut pour devenir la personne qui réussira à les mener à bien.

Au cours des quatre prochains chapitres, je vous accompagnerai dans la réalisation d'un « programme de perfectionnement intérieur » qui vous aidera à acquérir les compétences grâce auxquelles vous pourrez mener une vie encore plus réussie. Comme vous avez commencé à établir une solide relation avec vous-même, vous avez déjà fait un pas de géant dans la bonne direction. Nous allons maintenant nous concentrer sur des stratégies qui vous permettront d'exprimer votre pouvoir et je vous enseignerai le langage et les compétences dont vous aurez besoin pour dire la vérité avec grâce et amour. Puis, nous nous amuserons ferme à muscler votre courage grâce à des exercices qui vous forceront à sortir de votre zone de confort. Enfin, à mesure qu'augmentera votre estime de vous-même, vous rehausserez vos critères et apprendrez à viser rien de moins que ce qu'il y a de mieux.

À mesure que vous progresserez dans le programme que je vous propose ici, vous constaterez que la gêne et l'hésitation que vous ressentirez quand vous commencerez à vous montrer tel que vous êtes et à révéler vos talents aux autres diminueront peu à peu pour faire place à un nouveau pouvoir qui alimentera vos efforts vers l'expression de vos valeurs fondamentales. Ces valeurs deviendront alors une excellente raison de surmonter votre timidité, votre doute et votre peur de ce que les autres pensent. Une fois que vous aurez mené à bien cette partie du programme, vous éprouverez la motivation et la passion nécessaires pour effectuer ces changements. Puis, il sera temps de traduire cette passion en action !

Ressources

Livres

Sacred Contracts: Awakening your Divine Potential, par Carolyn Myss (Bantam Books, 2002).

Un merveilleux livre qui vous aidera à réaliser votre potentiel divin.

Tuesdays with Morrie, par Mitch Albom (Time Warner, 2002).

Une merveilleuse histoire à lire pour vous aider à trouver vos vraies valeurs.

Coach U
www.uk@coachuintl.com

Coach U offre une variété de cours de formation en coaching pour les entreprises de même que des cours à l'intention du grand public. Pour de plus amples renseignements sur les programmes de formation en coaching conçus pour les entreprises, visitez le *www.ccui.com*.

Australie
Coach University
www.coachuoz.com.au

Pour obtenir des renseignements sur les cours et les programmes de formation, visitez ce site Web.

Magazines

O, The Oprah Magazine
P.O. Box 7831
Red Oak, IA 51591
1 888 446-4438
www.oprah.com

Ce magazine est un puissant outil pour toute personne qui est engagée dans une démarche de croissance personnelle et spirituelle.

CHAPITRE TROIS

Cessez de dissimuler votre pouvoir

PENDANT TOUTE LA JOURNÉE, J'AI EU L'OCCASION d'observer Lilly, belle et intelligente jeune femme, dévoiler ses pensées dans le cadre d'un de mes ateliers sur l'estime de soi. Chaque fois qu'elle levait la main pour prendre la parole, elle commençait avec des phrases du genre : « Ça peut sembler un peu fou, mais… » ou « Je ne suis pas certaine que ça ait du sens, mais… ». Ces hésitations semblaient étranges, car Lilly était clairement l'une des personnes les plus intelligentes de l'atelier. Quand elle répondait à une question ou qu'elle exprimait une opinion, ses propos étaient toujours bien étayés et très pertinents. En l'écoutant parler, je me suis dit que la profondeur de sa pensée et de son intelligence constituait la raison même de ces étranges préambules.

À un certain moment, au cours de l'après-midi, je l'ai interrompue au beau milieu d'une phrase pour lui faire prendre conscience de ce comportement. Avec un sourire embarrassé, elle a alors admis avoir peur de passer pour une « je-sais-tout ». En explorant avec elle les sources possibles de son comportement, je me suis rendue compte que Lilly *était* réellement très savante. Née dans une famille du Midwest américain, elle avait excellé à l'école dès la maternelle. En plus d'avoir appris à lire dès l'âge de quatre ans, elle avait terminé l'école secondaire deux ans plus tôt que la moyenne et obtenu une bourse d'étude d'un collège prestigieux; elle était la seule de sa famille à posséder un diplôme d'études supérieures.

Sa grande intelligence était notoire non seulement parmi les membres de sa famille, mais également parmi ses amis et ses collègues. Cependant, ce talent lui avait donné dès le plus jeune âge le sentiment d'être à part des autres. À mesure que s'intensifiait l'inconfort que lui causait sa supériorité intellectuelle face à la plupart des gens de son entourage, elle s'est mise à dissimuler ses connaissances pour être acceptée. Ainsi, Lilly avait appris très tôt à dissimuler son pouvoir avec des mots.

Qu'est-ce que le vrai pouvoir ?

Le pouvoir est l'énergie qui alimente nos actions. Contrairement à la définition patriarcale traditionnelle, qui fait plutôt référence au « pouvoir sur autrui » ou à l'idée de contrôle, le vrai pouvoir est l'énergie spirituelle qu'une personne génère lorsqu'elle vit avec intégrité et que ses pensées, ses paroles et ses actions sont en harmonie avec la partie la plus profonde d'elle-même – son âme. Cette harmonisation est au cœur de notre croissance personnelle et spirituelle.

Pour la plupart d'entre nous, le mot pouvoir signifie la confiance, la force et le courage qui nous sont nécessaires pour mener notre vie comme nous l'entendons. Mais en fait, ces qualités sont la résultante d'une existence vécue avec intégrité.

Tout comme le génie d'une toile de maître résulte de la convergence entre espace, créativité et énergie, vous n'accéderez à votre plein pouvoir que lorsque vous commencerez à penser, à parler et à vous comporter d'une façon qui soit compatible avec votre être spirituel.

À mesure que vous progresserez dans la réalisation de votre mission divine en investissant dans votre croissance personnelle et spirituelle et en étant davantage à l'écoute de votre sagesse intérieure, vous vous mettrez tout naturellement à vivre une vie plus harmonieuse. Voilà qui constituera pour vous une solide fondation à partir de laquelle vous pourrez commencer à appliquer ce travail intérieur au monde extérieur. Et plus vous vous emploierez à consolider cette fondation, plus vous éprouverez le besoin de mettre fin aux comportements qui vous empêchent de vous montrer aux autres dans la plénitude de qui vous êtes. Vous allez devoir cesser de dissimuler votre pouvoir.

Pourquoi nous dissimulons notre pouvoir

Pendant des années, j'ai vu des gens intelligents et talentueux penser, parler et agir de façon à minimiser leur pouvoir. J'ai vu des clients paralysés par le doute s'empêcher de faire des pas importants vers la réalisation de leurs objectifs. Je les ai écoutés se rabaisser continuellement en dépit de leurs grands talents et j'ai observé nombre de personnes saboter inconsciemment leurs réussites en évitant de faire ce qu'il fallait pour alimenter leurs rêves. Il n'y a rien de plus triste que de voir une personne regorgeant de potentiel court-circuiter son pouvoir de cette façon.

Nous avons plusieurs raisons de dissimuler notre pouvoir. Par exemple, si vous avez été élevé avec des règles comme « évite de te vanter » ou « ne t'enfle pas la tête », vous avez probablement appris que le fait d'avoir confiance en soi et de manifester de l'assurance comportait des conséquences négatives. Si l'un de vos parents était rempli de colère et de rage, il est probable que vous n'ayez pas pu exprimer pleinement votre personnalité.

Nombre d'entre nous avons reçu des messages nous enjoignant d'être modestes, humbles et discrets. Bien que ces qualités constituent un signe de vertu, si nous leur accordons une trop grande importance, elles ont pour effet de réprimer les talents et les dons que Dieu nous a donnés.

Quelle que soit votre raison de dissimuler votre pouvoir, ce qui importe, c'est ce que vous faites *maintenant* pour changer les choses. Maintenant que vous avez commencé à établir une relation plus solide avec vous-même, il est temps de cesser de dissimuler votre pouvoir et d'en faire usage pour bâtir la force émotionnelle et la confiance qui vous permettront de centrer votre vie sur vos valeurs.

Comment dissimulez-vous votre pouvoir ?

De quelles façons vous rabaissez-vous, vous réprimez-vous ou ignorez-vous vos forces et vos talents ? À l'instar de Lilly, peut-être ponctuez-vous votre conversation de mots qui minimisent votre intelligence. Peut-être avez-vous l'habitude de vous dénigrer ou de vous moquer de vous-même, ou peut-être répondez-vous aux compliments avec des remarques désinvoltes dans le but de détourner l'attention. Comme je l'ai mentionné précédemment, nous avons tous et toutes appris à minimiser nos plus grandes qualités. Dans le présent chapitre, j'aimerais vous faire prendre conscience des mécanismes par lesquels *vous* pouvez constituer une entrave à votre propre bien-être.

Pour comprendre de quelles façons vous dissimulez votre pouvoir, lisez les phrases suivantes et cochez celles qui vous correspondent :

1. Quand un ami se rabaisse lui-même, je renchéris en disant quelque chose comme « Si tu crois que c'est si terrible, attends de savoir ce que moi je fais ».

2. Je remets toujours les choses au lendemain.

3. Mes pensées négatives m'enlèvent tous mes moyens.

4. Je m'excuse souvent, même lorsque je n'ai rien fait de mal.

5. J'essaie de ne pas trop attirer l'attention sur mon apparence physique en choisissant certains vêtements discrets.

6. J'ai tendance à imaginer le pire.

7. Quand je veux demander quelque chose, j'ai tendance à tourner autour du pot pour être le plus gentil possible.

8. Mes amis me disent que j'ai tendance à minimiser mes talents.

9. J'accorde plus d'attention à mes faiblesses qu'à mes forces.

10. Comme je suis terrifié à l'idée de prendre des risques, je pèche souvent par excès de prudence.

11. Dans mon travail, je demande (ou accepte) une rémunération inférieure à ma valeur.

12. Chaque fois que je réponds à une question, je commence avec quelque chose comme : « Cela peut sembler stupide, mais… ».

13. J'ai tendance à entretenir des rapports avec des gens dont les valeurs de vie sont indigentes.

14. Je m'en fais à propos de tout.

15. Je n'accepte pas facilement les compliments.

Évaluons maintenant vos résultats. Suivez les directives que voici :

– Si vous avez répondu « oui » aux phrases 1, 4, 7, 8 et 12, c'est que vous avez tendance à dissimuler votre pouvoir en utilisant des mots.

– Si vous avez répondu par l'affirmative aux phrases 2, 5, 11, 13 et 15, cela signifie que vous avez tendance à dissimuler votre pouvoir avec des actions (ou de l'inaction).

– Si vous avez répondu « oui » aux phrases 3, 6, 9, 10 et 14, c'est que vous avez tendance à dissimuler votre pouvoir par votre façon de penser.

Comme vous pouvez le constater, les exemples ci-dessus se répartissent en trois catégories :

– Vos pensées – votre façon de voir les choses

– Vos paroles – ce que vous dites

– Vos actions – ce que vous faites (ou ne faites pas)

Les pensées qui nous passent par la tête à tout moment ont une énorme influence sur nos vies. Comme nous l'avons déjà vu, les pensées ont un pouvoir créateur et deviennent le tremplin de nos émotions, de nos paroles et de nos actions. Lorsque vous prêtez des mots à vos pensées en les verbalisant, vous leur conférez encore plus de pouvoir. Et quand vous agissez conformément à ces pensées, vos actions deviennent des expériences déterminantes. Souvenez-vous : *Tout ce qui se produit dans votre vie est directement lié à vos pensées, aux paroles que vous prononcez et aux actions que vous accomplissez.* Lorsque vos pensées, vos paroles et vos actions sont en harmonie avec vos valeurs, vous devenez capable d'utiliser votre pouvoir au maximum.

Comme vous allez souvent me l'entendre dire au cours de la démarche que nous effectuerons ensemble, *la prise de conscience est le premier pas vers le changement.* Quand vous prendrez conscience de la façon dont vous dissimulez votre pouvoir, votre comportement se mettra automatiquement à changer. Et lorsque votre comportement changera, vous vous sentirez mieux dans votre peau et commencerez à faire des choix qui exigeront le respect; en retour, votre degré de confiance et d'estime de vous-même se mettra à augmenter. Mais surtout, vous serez en mesure de faire votre plus valable contribution aux autres en mettant pleinement en valeur vos talents et vos dons.

À mesure que nous explorerons chacune de ces trois sphères, essayez de déterminer les façons dont vous dissimulez votre pouvoir. Commençons par la plus fondamentale de toutes, la pensée.

Quelles sont vos pensées ?

Les autres n'accepteraient *jamais* que nous leur parlions comme nous nous parlons à nous-mêmes. En effet, à tout moment, un chapelet de messages négatifs et critiques se déverse dans l'esprit de la plupart d'entre nous : « Elle est plus intelligente que moi », « Je n'ai pas assez de discipline pour faire ce dont j'ai envie » ou « Je suis gros, laid ou trop vieux ». Tout en évaluant la fréquence avec laquelle ce type de pensée vous passe par la tête, dites-vous bien ceci : *vos pensées déterminent le cours de votre existence.* Les choses auxquelles vous pensez constamment jouent un rôle clé dans ce qui se produit concrètement dans votre vie. Si vous n'avez en tête que des idées négatives, vous ne vivrez que des expériences négatives. Il s'agit-là d'une loi simple et universelle. Ainsi, la façon la plus fondamentale d'exprimer votre pouvoir consiste à utiliser sagement vos pensées.

La plupart d'entre nous commençons très tôt dans la vie à nous rabaisser mentalement. À force de nous faire constamment diriger, corriger et critiquer par nos parents, nos professeurs, nos camarades de classe, nos amis, les membres de notre communauté et nos leaders religieux, la honte s'empare peu à peu de nous. De plus, quand cela se produit devant les autres, notre sentiment de honte s'en trouve accentué, diminuant d'autant notre capacité à exprimer notre pouvoir et à en faire usage. Par exemple, vos parents, avec les meilleures intentions du monde, vous ont probablement discipliné devant vos frères et sœurs. Votre professeur vous a peut-être réprimandé devant toute la classe. Même les taquineries et les moqueries quotidiennes de vos camarades de classe ont eu pour effet d'aggraver votre sentiment de honte. Très rapidement, vous avez intériorisé ces messages critiques et, en conséquence, commencé à surveiller vos pensées et vos comportements d'un œil critique. Par exemple, mon client Patrick est loin d'avoir oublié les quolibets que les élèves de son cours de gymnastique lui adressaient en raison de son ventre flasque. Encore aujourd'hui, il doit faire taire son critique intérieur qui lui reproche constamment de ne pas être en parfaite forme physique.

Ces premières expériences jouent un rôle important dans notre capacité à nous exprimer pleinement. Certains événements qui ont jadis suscité en nous un sentiment d'humiliation ou de honte peuvent ressurgir du passé et nous empêcher, même à l'âge adulte, d'exprimer en toute confiance nos talents et nos dons. Par exemple, au début de ma carrière de coach, j'ai été consultante auprès d'une agence de replacement afin d'aider à la réinsertion professionnelle d'hommes et de femmes qui avaient été licenciés de leur emploi. En guise d'introduction à mes ateliers, je demandais toujours à chaque client de nommer intuitivement des expériences significatives susceptibles d'affecter leur capacité de se présenter à un employeur avec confiance et aisance. Je leur demandais de ne pas trop réfléchir, mais de remarquer quelles expériences leur venaient à l'esprit en premier. Un client sur trois mentionnait une situation remontant à l'enfance où il s'était senti embarrassé ou humilié à l'école devant ses camarades de classe. Les hommes et les femmes qui faisaient état de ce type de souvenirs étaient ceux qui montraient le plus de nervosité à l'idée d'entreprendre le processus de recherche d'emploi.

Au début, j'ai été surprise de constater ce thème récurrent, mais à mesure que nous progressions dans notre travail, la raison en est devenue de plus en plus claire. Au moment où ces hommes et ces femmes se préparaient à entreprendre des changements majeurs dans leur vie, ils avaient plus que jamais besoin de se sentir en confiance et sûrs d'eux-mêmes. Au lieu de cela, ils éprouvaient un sentiment de vulnérabilité. Et cette vulnérabilité déclenchait des souvenirs de situations d'impuissance et réveillait une voix intérieure critique qui remettait en question leurs talents et leurs compétences. Par conséquent, il leur était difficile de trouver en eux la confiance nécessaire pour se vendre adéquatement lors d'une entrevue avec un employeur éventuel.

Plus tard dans ma carrière de coach, j'ai vu ce thème réapparaître chez mes clients à des moments où ils entreprenaient des démarches dans le but de réaliser leurs plus importants objectifs. Ils étaient alors aux prises avec un « critique intérieur » qui dénigrait constamment leurs forces et leur pouvoir. Par exemple, un entrepreneur de premier plan craignait de se faire accuser d'exagérer ses talents et ses compétences dans son curriculum vitæ, signe évident que le critique « je suis un imposteur » lui avait rendu visite. Il est intéressant de constater que plus la personne était talentueuse et créative, plus cette voix critique se faisait entendre avec force.

Je me souviens d'un exemple frappant de ce phénomène lors d'un cours d'improvisation que j'avais suivi au début de ma carrière. Daena Giardella, professeur de théâtre réputée pratiquant dans la région de Boston, avait créé une méthode appelée « out-take » (dans le domaine du cinéma, les chutes ou coupures effectuées en cours de montage) permettant d'établir un dialogue avec son critique intérieur. Selon cette méthode, les acteurs devaient s'interrompre au milieu d'une scène pour laisser parler leur critique intérieur. J'ai trouvé que cet exercice permettait d'avoir une bonne idée de ce qui se passait dans la tête des gens.

Au cours d'un atelier, Daena a demandé à brûle-pourpoint à un jeune homme, qui était acteur professionnel, d'improviser un monologue. Je me suis alors assise avec les autres, impatiente d'entendre ce qu'il avait à dire, car ses improvisations étaient toujours très drôles et divertissantes. Au beau milieu de son monologue, par ailleurs formidable, le jeune homme s'est mis à bégayer et à balbutier. À ce moment-là, Daena a crié : « Outtake ! ». En entendant ce qui est alors sorti de la bouche du jeune acteur, je n'en croyais pas mes oreilles. En réponse à l'injonction du professeur, il a immédiatement crié : « Tu ne vaux rien ! Tu es horrible ! Et tu te crois acteur ? Ces personnes se demandent pourquoi elles ont perdu leur temps à venir ici aujourd'hui. Tu n'as absolument aucun talent pour le jeu. Tu me rends malade ! ».

En écoutant cet acteur s'exclamer sur la médiocrité de son talent, j'ai été frappée de constater à quel point sa perception de lui-même était inexacte. Il constituait un exemple frappant de la dureté dont nous pouvons tous et toutes faire preuve envers nous-mêmes.

Le critique intérieur

Les voix critiques que nous avons intériorisées donnent naissance à un critique intérieur qui nous rappelle constamment nos défauts et nos imperfections. S'il faut en croire les discussions que j'ai eues avec des clients et des membres de mes auditoires, il semble que nous partagions tous et toutes la même voix intérieure. Notre critique intérieur utilise peut-être des mots différents, mais son intention et son impact sont les mêmes : nous dérober notre confiance et notre pouvoir. Si vous laissez ces voix critiques prendre le dessus, vous finirez par vivre une vie triste et limitée.

Ma carrière de conférencière a constitué pour moi une merveilleuse occasion d'affronter mon critique intérieur. Même au bout de plusieurs années, après avoir donné des centaines de conférences, j'étais toujours aux prises avec les mêmes peurs et anxiétés que la plupart des gens quand venait le temps de parler en public. Sur scène, j'étais souvent assaillie par des pensées telles que celle-ci : « Qu'est-ce que tu crois ? Personne ne s'intéresse à ce que tu dis », ou encore : « Tes propos ne sont pas assez inspirants ou motivants. ». Comme pourrait en témoigner n'importe quel orateur, le pire moment que votre critique intérieur puisse choisir pour se manifester est *pendant* que vous donnez une présentation. Et dès que vous accordez du pouvoir à ce flot de pensées négatives, vous vous mettez à analyser tout ce que vous dites et perdez contact avec votre auditoire. Le résultat final est alors à la hauteur de vos craintes : votre présentation n'a pas l'impact que vous recherchiez.

J'ai fini par comprendre la source de mon problème lors d'une conversation avec Debbie Ford, auteur de *The Dark Side of the Light Chasers*. Debbie a dit une chose qui a considérablement contribué à réduire mon degré d'anxiété : « Ce n'est pas vraiment l'auditoire qui te préoccupe quand tu donnes une présentation, c'est ce que *tu* penses. Tu as peur d'affronter ton critique intérieur dès que tu quittes l'estrade. ».

Debbie avait raison. À peine avais-je prononcé mon dernier mot que je me mettais à analyser ma présentation et à penser à toutes les choses que j'aurais dû dire ou ne pas dire; je me bombardais ensuite de reproches pour toutes les erreurs que je croyais avoir commises. Ainsi, pendant toutes ces années, ma plus grosse crainte avait été les critiques que *je* m'adressais à moi-même. Jusqu'à ce que j'apprenne à demeurer ma propre alliée, quelle que soit ma performance sur scène, mon critique intérieur a continué à éroder ma confiance, à compromettre ma joie de vivre et à m'empêcher de faire usage de mes plus grands talents.

Passez à l'action ! Prenez note des pensées qui dissimulent votre pouvoir

Comment votre façon de penser affecte-t-elle votre capacité d'utiliser votre pouvoir ? Pour le savoir, surveillez vos pensées pendant toute une journée. Procurez-vous un petit bloc-notes (ou utilisez votre journal, s'il est de format modeste), que vous placerez près de votre lit. Au réveil, commencez à remarquer la teneur de vos pensées. Emportez ensuite votre bloc-notes avec vous et arrêtez-vous au hasard à différents moments de la journée pour prendre conscience de ce qui vous passe par la tête. Puis, inscrivez le tout dans votre carnet. Évitez de juger vos pensées. Bornez-vous à être témoin de votre dialogue intérieur et à en prendre note.

À la fin de la journée, relisez ce que vous avez écrit. Quel pourcentage de vos pensées vous ravigotent, vous donnent confiance en vous-même ou favorisent votre bien-être ? Quel pourcentage vous rabaisse ou vous empêche d'exprimer pleinement votre pouvoir ? Y a-t-il des thèmes récurrents ? Par exemple, vous accablez-vous de reproches à propos de votre apparence physique, de votre rendement au travail ou de votre façon d'élever vos enfants ? Si vous êtes comme la plupart des gens, vous remarquerez probablement qu'un bon pourcentage de vos pensées sont défaitistes et annulent votre pouvoir. Voici quelques exemples de ces pensées :

> Tu commets sans cesse des erreurs.
> Pourquoi faire des projets ? Tu n'accomplis jamais rien de toute façon.
> Ce que tu as dit était vraiment stupide.
> Tu n'est pas assez bon.
> Tu n'as pas ce qu'il faut pour réussir.
> Tu n'es pas un bon modèle pour ton fils.
> Personne ne s'intéresse à ce que tu pourrais avoir à dire.
> Tu es terriblement paresseux.

Reste silencieux, sinon tu risques de te ridiculiser.
Tu ne le mérites pas.
Tu n'as pas les compétences nécessaires.
Évite d'embêter les gens avec tes besoins.
Quels que soient les efforts que tu y mettes, tu ne gagneras jamais.
Tu auras l'air de te prendre pour un autre.
Une autre personne réussira mieux que toi.

Passez à l'action ! Dressez la liste des pensées qui compromettent votre pouvoir

Maintenant, c'est votre tour. Relisez votre bloc-notes ou votre journal et dressez la liste de vos dix pensées critiques les plus fréquentes :

1.
2.
3.
4.
5.
6.
7.
8.
9.
10.

La prise de conscience de la façon dont ces pensées nuisent à votre capacité d'avoir confiance en vous-même et de vous sentir en pleine possession de vos moyens constituera pour vous un progrès important. Faites part de votre liste et de ce que vous avez inscrit dans votre journal à votre partenaire ou aux membres de votre groupe « Reprenez votre vie en main ». Vous pourriez être surpris de ce que vous allez entendre quand ce sera à leur tour de vous révéler leurs pensées. Quand je demande aux membres de mes auditoires d'inscrire et de partager chacun leur tour les messages négatifs qui leur proviennent régulièrement de leur critique intérieur, ils sont toujours surpris de voir à quel point toutes ces voix négatives se ressemblent. On jurerait avoir affaire aux membres d'une même famille !

Surveillez vos paroles

Nos pensées se reflètent souvent dans nos paroles et les mots que nous choisissons (et employons) jouent un rôle important dans l'augmentation ou la diminution de notre assurance et de notre estime de soi. Les mots que vous employez suscitent-ils respect et attention, ou ont-ils pour effet de réduire votre pouvoir et votre confiance en vous-même ?

Il existe un grand nombre de mots et de phrases que nous utilisons inconsciemment et qui compromettent notre pouvoir. Par exemple, j'entends souvent des gens se moquer d'eux-mêmes en utilisant des phrases comme « Que je suis bête » ou « Je suis un imbécile ». Ces phrases me font peine à entendre, car je sais que les mots affectent la façon dont nous nous sentons face à nous-mêmes ainsi que la perception que les autres ont de nous. Prenons quelques exemples.

« Je pense »

Courtney avait pris l'habitude d'utiliser les mots « Je pense », dont elle saupoudrait presque toutes nos conversations. Quand je lui demandais de me parler d'un projet qu'elle avait réalisé au bureau, elle répondait : « Je pense que j'ai fait du bon travail. ». Lorsque je lui ai suggéré de prendre un rôle de leadership accru au sein de sa communauté, elle m'a dit : « Je pense que je serais capable d'animer cette réunion. ». Cette phrase surgissait également très souvent dans sa vie personnelle. Quand une amie l'invitait à dîner, elle acceptait l'invitation à peu près comme suit : « Je pense que je peux aller dîner chez toi la semaine prochaine. ».

Lorsque des clients tempèrent leurs affirmations avec des « Je pense », je leur demande : « Est-ce que vous pensez, ou vous *savez* ? ». La plupart du temps, la réponse est « Je sais ». C'est qu'il est toujours plus sûr de dire « Je pense ». Lorsque vous apprenez à dire la vérité avec conviction, votre degré de confiance et d'estime de soi s'en trouve accru. Par exemple, « Je sais que j'ai fait un excellent travail » constitue une affirmation beaucoup plus puissante que « Je pense avoir fait un excellent travail ». Dès que nous adoptons une attitude ferme et convaincue et que nous reconnaissons nos réussites avec fierté, nous cessons de dissimuler notre pouvoir.

« Je vais essayer »

La phrase « Je vais essayer » constitue un autre bon exemple de la façon dont nous dissimulons notre pouvoir. Mon ami Stephen m'a mise au défi de cesser d'utiliser le mot « essayer », notamment lorsque je promettais d'*essayer* de trouver un trou dans mon agenda pour que nous nous rencontrions. Il m'a dit : « Vas-tu essayer ou vas-tu vraiment fixer une date ? ». Le mot essayer n'est qu'un moyen de remettre une décision à plus tard. « Ou tu veux que nous passions du temps ensemble, ou tu ne veux pas », a-t-il ajouté. Même si je me suis sentie agacée au début (signe que Stephen avait raison), ce commentaire de mon ami m'a fait réfléchir. Est-ce que je voulais vraiment le voir, ou est-ce que je créais un échappatoire au cas où je changerais d'idée ?

Essayer est un mot qui permet de couvrir ses arrières ainsi qu'un moyen commode de ménager la chèvre et le chou. Bien sûr, il y a des moments où nous avons de la difficulté à prendre une décision et où nous avons besoin de réfléchir davantage. Dans ces circonstances, il vaut beaucoup mieux dire quelque chose comme « Je ne suis pas certain » ou « Je ne suis pas prêt à prendre une décision ». Au lieu d'essayer de maintenir les attentes au minimum ou de gagner du temps, adoptez une position plus arrêtée. Aujourd'hui, quand je me surprends à employer le mot « essayer », je me pose la question : « Est-ce que je dis la vérité ? ». À partir de là, un simple oui, non ou peut-être suffit à m'éclairer.

« Je m'excuse »

À quelle fréquence vous arrive-t-il de vous excuser pour une chose dont vous n'êtes pas responsable ? Quand mon amie Allison a décidé d'apprendre à jouer au tennis, elle a compris une vérité très importante à propos de cette manie. Au cours de sa première leçon, elle s'excusait chaque fois qu'elle n'arrivait pas à renvoyer la balle à l'instructeur. Au bout de plus de vingt excuses, il a fini par lui dire : « Pourquoi vous excusez-vous de votre incapacité à faire une chose que vous n'avez pas encore apprise à faire ? Ne savez-vous pas qu'en vous excusant, vous vous placez vous-même en position de perdante ? Si vous maintenez cette attitude, vous aurez de la difficulté à acquérir suffisamment de confiance et de compétence pour devenir une bonne joueuse de tennis. ».

Soudainement, Allison a compris le lien entre cette malheureuse habitude et son pouvoir. Non seulement cette manie de s'excuser pour des choses qui étaient indépendantes de sa volonté lui drainait-elle son énergie, mais dans cette situation précise, elle nuisait à sa capacité d'acquérir les compétences qui lui permettraient de maîtriser le tennis.

Ce ne sont là que quelques exemples de mots et de phrases que nous employons et qui annulent notre pouvoir. Voyons maintenant quels sont les mots que vous utilisez.

Passez à l'action ! Le langage qui dissimule votre pouvoir

Quels sont les mots et les phrases que *vous* utilisez ? Vous moquez-vous de vous-même en vous traitant de nul ? Réduisez-vous les attentes des autres en faisant précéder chacune de vos réponses par des formules telles que « Je peux me tromper, mais… » ? J'aimerais maintenant que vous mettiez le doigt sur les mots que vous employez pour dissimuler votre pouvoir. Prenez votre journal, de quoi écrire et assoyez-vous seul dans un endroit tranquille. Puis, répondez aux questions suivantes :

1. Quelles sont les choses que v
vous diminuer ?
2. Quels sont les mots que vo
attentes des autres ?
3. Vous rabaissez-vous ? Si oui,

Une fois que vous aurez répondu à ces questions,
trois amis proches ou membres de votre famille de vous aider
trouver plus d'exemples. Choisissez des gens en qui vous pouvez avoir confiance et qui vous diront la vérité sans vous juger ni vous critiquer. Vous pourriez être surpris de constater la perspicacité de vos proches en ce qui a trait à vos façons d'annuler votre pouvoir. Inscrivez cinq exemples ici :

Le langage qui annule votre pouvoir :

1.
2.
3.
4.
5.

Qu'est-ce que vous faites (ou ne faites pas) ?

Maintenant que vous avez examiné certaines des façons dont vos pensées et vos paroles dissimulent votre pouvoir, penchons-nous sur vos comportements. La plupart d'entre nous avons adopté des habitudes qui alimentent nos pensées négatives. Ces actions peuvent aller des excès alimentaires au tabagisme en passant par l'embellissement de la vérité quand nous racontons une histoire. Toutes les actions qui nous rendent mal à l'aise face à nous-mêmes portent atteinte à notre pouvoir.

Au cours des recherches que j'ai effectuées en vue du présent livre, j'ai demandé à plusieurs personnes de me faire part des

…les posaient qui avaient pour effet d'annuler leur …oici ce qu'elles m'ont répondu :

…e raconte de petits mensonges.
Je remets toujours les choses à plus tard.
Je brise les promesses que je me fais à moi-même.
Je suis perfectionniste.
Je ne demande pas directement ce que je veux.
Je me replie sur moi-même en gardant le silence quand mon mari et moi avons un désaccord.
Lorsqu'on me pose une question, je prétends ignorer la réponse pour que mon interlocuteur se sente plus intelligent.
Quand quelque chose me dérange, je ne dis rien.
Je garde un emploi que je déteste.
Je pose des questions dont je connais déjà la réponse.
Les honoraires que je demande ne sont pas assez élevés pour les services que j'offre.
Je laisse les autres prendre mes décisions à ma place.
Je détourne les compliments.
Je me garde tellement occupé que je n'ai jamais le temps ni l'énergie de faire ce dont j'ai vraiment envie.
Je ne prends pas soin de ma santé.
En situation de conflit, je finis toujours par céder.
Je ne demande jamais d'aide.

Qu'est-ce que vous faites (ou ne faites pas) pour dissimuler votre pouvoir ? Il existe une variété d'actions qui peuvent annuler votre pouvoir. Certaines d'entre elles ont constitué toute une surprise pour mes clients et moi.

Ma cliente Gabriella est une femme aux multiples talents. Non seulement est-elle très séduisante et sociable, mais elle réussit admirablement dans sa carrière de directrice des activités pour un grand hôtel. Comme elle avait beaucoup de difficulté à déterminer quelles étaient les actions qui annulaient son pouvoir, je lui ai demandé de vérifier auprès d'un collègue de travail en qui elle avait confiance. Ce collègue lui a alors dit que même si elle possédait d'excellentes aptitudes pour la communication quand elle s'adressait à une seule personne, elle avait l'étrange habitude de rire bêtement et de parler comme une petite fille dans les réunions de groupe.

J'ai constaté des comportements similaires chez plusieurs femmes occupant des postes de direction : elles minimisent leur pouvoir en déférant à leurs collègues de sexe masculin ou en dissimulant leurs forces et leurs connaissances quand elles sont en compagnie d'hommes qui occupent des postes de direction.

Lorsqu'elle a pris conscience de ce comportement, Gabriella a compris que cette habitude nerveuse était sa façon de composer avec le malaise que suscitait en elle le fait d'être le centre d'attention. Si elle adorait se trouver au poste de commande, une partie d'elle-même avait honte de cette inclination. Ainsi, chaque fois qu'elle se trouvait dans une situation où elle devait faire preuve d'autorité, cette partie inconfortable d'elle-même s'exprimait par de petits rires et une voix de fillette.

L'image que nous présentons aux autres peut aussi constituer une façon de dissimuler notre pouvoir. Même si la plupart d'entre nous aimerions croire qu'on nous accepte pour qui nous sommes et non en raison de notre apparence, la vérité est que notre image a une profonde influence sur notre force intérieure et sur l'effet que nous avons sur les autres.

Savez-vous à quel point votre image influe sur votre succès ? Dissimulez-vous votre pouvoir en ne laissant pas votre image extérieure refléter la personne que vous êtes à l'intérieur ? L'image peut constituer un facteur déterminant dans bien des situations, que vous en ayez conscience ou non. Ginger Burr, créatrice d'image chevronnée exerçant ses activités dans la ville de Boston, a pu constater à maintes occasions à quel point l'apparence avait une puissante influence sur la vie de ses clients. L'histoire qui suit, qu'elle m'a racontée, illustre ce qui se produit quand notre être intérieur est en parfaite harmonie avec notre image extérieure.

Madeline était une designer d'intérieur de grand talent et hautement professionnelle qui créait des signatures visuelles haut de gamme pour les sociétés. Or, malgré ses grandes compétences, elle avait de la difficulté à lancer son entreprise. Elle a donc décidé de consulter Ginger à propos de son image après que cinq clients potentiels aient eu une réaction similaire en regardant son portfolio. En effet, chaque fois que Madeline rencontrait un client, la réaction était toujours la même : « C'est *vous* qui avez fait ça ? ». L'élément de surprise dans la voix du client créait chez Madeline le sentiment d'être un imposteur, comme s'il suggérait qu'une personne plus talentueuse et plus professionnelle avait créé les dessins. Elle disait que chaque fois qu'elle était témoin de cette réaction, elle avait l'impression que la personne que le client voyait en face de lui n'était pas la même que l'artiste dont le travail apparaissait dans le portfolio.

Madeline avait un style plutôt bohème et portait des vêtements amples et confortables dans lesquels elle se sentait totalement à l'aise. Lorsque Ginger l'a rencontrée, elle a pu constater que son style vestimentaire décontracté jurait avec son portfolio, qui était plus raffiné et plus professionnel. Madeline affirmait ne pas vouloir changer son style pour correspondre aux attentes des autres et voulait que les gens l'acceptent comme elle était. Mais en même temps, elle ne pouvait plus nier la réalité : son image nuisait au succès de son entreprise. Ginger est donc allée y voir de plus près.

Le travail de Ginger vise à aider ses clients à exprimer leur beauté et leur style naturels d'une façon qui leur convienne. Ainsi, en gardant à l'esprit le besoin de confort exprimé par Madeline, Ginger lui a recommandé de se procurer quelques ensembles-pantalons en tissu doux et confortable dans ses couleurs favorites (qui rehaussaient ses traits et le teint de sa peau). Elle lui a également suggéré d'utiliser des accessoires qui faisaient ressortir son goût pour le style bohème. Au bout du processus, Madeline était devenue une version plus dynamique et plus contemporaine d'elle-même.

Madeline n'en revenait pas des résultats. Par la suite, plus jamais elle n'a entendu quelqu'un lui dire : « C'est *vous* qui avez fait ça ? ». Au lieu de cela, les clients potentiels se répandaient en félicitations en voyant son travail. Forte du sentiment de pouvoir que lui procurait sa nouvelle image, Madeline a également amélioré son approche avec les nouveaux clients. Elle avait beaucoup plus confiance en elle-même et cela se voyait. À la fin de l'année, ses ventes avaient augmenté de 30 % !

Que vous soyez un homme ou une femme, demandez-vous si vous ne devriez pas modifier votre image pour laisser votre pouvoir rayonner pleinement. Répondez aux questions suivantes par oui ou par non.

Tous mes vêtements sont en bon état.
Tous les vêtements de ma garde-robe me vont bien – rien n'est trop petit ni trop grand.
Je connais les couleurs qui me vont le mieux et je n'en porte jamais d'autres.
Je connais les styles qui conviennent à la forme de mon corps et je ne me contente de rien de moins.
Je suis toujours ouvert aux nouvelles idées concernant les vêtements qui m'avantageraient.
Ma façon de me maquiller me convient et fait ressortir mes plus beaux atouts.
Mes ongles et mes sourcils sont toujours bien entretenus.
J'aime bien mon sourire.
Ma coiffure et la couleur de mes cheveux me vont bien et sont bien de leur époque.
Mes chaussures sont bien entretenues.
Au travail, j'ai toujours une apparence professionnelle et bien mise (même les journées « décontractés »).
J'ai une bonne garde-robe de vêtements décontractés pour le travail, distincte des vêtements que je réserve pour le week-end.

Je choisis toujours des vêtements qui conviennent bien à ma personnalité et qui reflètent profondément qui je suis.

Ne sous-estimez pas le pouvoir de votre apparence et sa capacité de vous aider à mieux exprimer qui vous êtes vraiment. En vous recommandant de prendre votre image au sérieux, je ne veux pas dire que vous devriez vous précipiter dans les boutiques pour acheter des vêtements griffés. La mode haute-couture n'est pas nécessairement synonyme de pouvoir ; mais lorsqu'il y a concordance entre qui vous êtes et votre apparence vestimentaire, le pouvoir rayonne de toutes parts.

Qu'est-ce que vous ne faites pas ?

Parfois, ce sont les choses que nous ne faisons pas qui contribuent à dissimuler notre pouvoir. Par exemple, mon client Ryan avait tendance à tout remettre à plus tard, ce qui lui attirait des ennuis. Ryan était un artiste qui créait de magnifiques aquarelles ; malheureusement, il était incapable de mettre véritablement son entreprise sur les rails. Or, il n'y avait qu'à jeter un coup d'œil à son bureau pour comprendre les raisons de cet état de fait. Son studio était dans un désordre total et il oubliait souvent ses rendez-vous. Même si trois galeries de la région s'étaient montées intéressées par son travail et avaient communiqué avec lui, il n'avait toujours pas retourné leurs appels. Mais ce qui était le plus étrange dans tout ça, c'est que le reste de sa vie était exempt de toute désorganisation. Son appartement était propre et en ordre, il avait plusieurs amis avec qui il s'entendait à merveille et tout semblait être au beau fixe dans sa vie personnelle.

Quelque part en lui, Ryan savait qu'il était un artiste de grand talent, plus doué que bien d'autres. Quand nous avons exploré ensemble sa manie de tout remettre à plus tard au travail, il m'a avoué être conscient que cette mauvaise habitude contribuait à dissimuler son pouvoir. Mais même s'il admettait hésiter à présenter ses œuvres aux yeux du monde par peur des critiques, je savais que le problème allait plus loin. Ryan avait peur d'être incapable de composer adéquatement avec le succès qu'il allait fort probablement connaître. C'est là un problème courant chez les personnes hautement douées qui voient leur talent comme un poids lourd à porter et qui remettent leur réussite à plus tard. En effet, comme ils ont l'impression de ne pas assumer adéquatement les responsabilités qu'ils ont déjà, ils se sentent dépassés devant la perspective d'en avoir plus. Alors, au lieu de demander l'aide dont ils auraient besoin, ils demeurent embourbés.

Le problème d'Emily était d'un tout autre ordre. L'une des façons dont elle dissimulait son pouvoir consistait à être indirecte quand il s'agissait d'exprimer ce qu'elle voulait et ce dont elle avait besoin. Au travail, quand ses collègues l'invitaient à venir déjeuner avec eux, au lieu de dire clairement quel restaurant elle préférait, elle posait une questions du genre : « Quelqu'un est-il déjà allé au nouveau restaurant du coin ? ». À la maison, avec son mari, elle se plaignait constamment du surplus de tâches domestiques qu'elle devait accomplir au lieu de demander directement de l'aide. Emily tenait cette habitude de sa mère qui, pendant des années, n'avait jamais été capable d'exprimer clairement ce qu'elle voulait. Elle avait traversé la vie comme une impuissante victime, à la merci des besoins des autres.

Brooke, quant à elle, dissimulait son pouvoir en parlant trop. Ce n'est que lorsqu'un nouvel ami a eu le courage de lui dire la vérité qu'elle a compris à quel point cette habitude lui nuisait. Brooke s'est alors rappelée qu'au fil des ans, des gens avaient fait des allusions et de légères blagues sur sa prolixité, sans qu'elle les prenne au sérieux. Elle était maintenant prête à les entendre. Brooke a eu de la chance d'obtenir cette précieuse information de son ami. Malheureusement, la plupart des gens qui parlent trop n'ont pas la chance de se faire dire la vérité; au lieu de cela, les autres évitent leur compagnie !

Il existe beaucoup d'autres actions qui contribuent à annuler votre pouvoir. Par exemple, certaines personnes se gardent tellement occupées qu'elles ne peuvent jamais consacrer leur temps et leur énergie à leurs principales priorités. Avez-vous l'habitude de toujours céder aux besoins des autres ? Ou peut-être détournez-vous chacun des compliments qu'on vous adresse ? Que faites-vous (ou ne faites-vous pas) pour dissimuler votre pouvoir ?

Passez à l'action ! Déterminez quelles sont les actions et les absences d'actions qui contribuent à dissimuler votre pouvoir

Relisez les exemples personnels mentionnées à la page 117 et indiquez cinq actions que vous faites ou que vous ne faites pas et qui ont pour effet de dissimuler votre pouvoir. Si vous avez de la difficulté à déterminer ces comportements, demandez à un ami en qui vous avez confiance, à votre partenaire.ou à des membres de votre groupe Reprenez votre vie en main de vous aider. Vous pouvez aussi utiliser votre journal pour prendre note, pendant la semaine qui vient, de ces moments où vous vous voyez faire quelque chose qui a pour effet d'annuler votre pouvoir.

Dressez la liste de vos cinq exemples ici :

1.
2.
3.
4.
5.

Reprenez possession de votre pouvoir

Maintenant que vous avez une bonne idée de la façon dont vous dissimulez votre pouvoir, il se peut fort bien que ayez déjà commencé à modifier votre comportement. La prise de conscience est la première étape du changem[illegible] commencez peut-être aussi à vous sentir embarrassé de [illegible] pensées, vos paroles et vos actions défaitistes. Détendez-vous, car dès que vous commencerez à effectuer certains changements, même modestes, vous vous sentirez déjà plus en confiance et en meilleure possession de vos moyens. Commençons par rééduquer votre esprit.

Rééduquez votre esprit

J'ai mentionné antérieurement, dans le présent programme, que vos pensées avaient une puissante influence sur la qualité de votre existence. Vous avez déjà commencé à reprendre en main votre énergie spirituelle en incorporant la pratique de la méditation à votre vie de tous les jours et en faisant quelques exercices simples afin de reconquérir votre puissance créative. J'aimerais maintenant vous aider à pousser ce travail plus loin.

Passez à l'action ! Changez votre façon de penser

Il y a des années, je me souviens d'avoir entendu une histoire à propos de Mark Victor Hansen, l'un des créateurs des séries *Chicken Soup for the Soul*. Mark inscrivait en détail un objectif choisi sur deux fiches, puis plaçait l'une de celles-ci dans son portefeuille et l'autre dans un coin du miroir de sa salle de bain, pour mieux garder ledit objectif à l'esprit. Quand il se préparait chaque matin à commencer sa journée ou qu'il puisait dans son portefeuille pour y prendre de l'argent, il apercevait la fiche et visualisait immédiatement son objectif en l'imaginant déjà atteint. Quand j'ai entendu parler de cette technique, j'ai décidé de l'utiliser de façon différente.

J'ai acheté un paquet de petits autocollants rouges en forme de cœur que j'ai placés à divers endroits de ma maison – sur la porte du réfrigérateur, près de l'évier de la cuisine, sur le miroir de la salle de bain et à tout autre endroit où j'étais susceptible de poser régulièrement les yeux. Chaque fois que j'apercevais un cœur, je m'arrêtais pour prendre acte de mes pensées et m'assurer qu'elles favorisaient mon bien-être émotionnel. Cette méthode constructive, malgré sa simplicité, m'a aidé à éduquer mon esprit pour qu'il soit au diapason de mon cœur.

Mon ami Charles Poliquin, qui entraîne des athlètes professionnels, a adopté une approche similaire. Quand il aide des clients à se remettre en forme en vue d'une compétition sportive, il leur demande d'imaginer leur corps dans une condition physique optimale. Une fois que le client a cette vision clairement en tête, il lui demande de trouver une affirmation qui va dans le sens de son objectif. Charles demande ensuite au client d'acheter un paquet d'au moins cinq cents cure-dents, qu'il devra transférer un à un d'une poche à l'autre tout en répétant mentalement son affirmation et en visualisant son objectif de remise en forme. Quand le client arrive au bout du paquet, Charles lui demande de répéter le processus. Charles a appris par expérience qu'il fallait mille répétitions pour installer clairement une vision dans l'esprit d'un client.

En rééduquant votre esprit, vous vous assurez d'utiliser sagement votre pouvoir. Et pour déterminer la qualité de vos pensées, vous n'avez qu'à porter attention à vos émotions. *Vos émotions suivent toujours vos pensées*. Par exemple, j'ai appris à m'arrêter et à me poser la question suivante dès que je sens en moi une absence d'harmonie :

Cette façon de penser est-elle à mon avantage ?

Si ma façon de penser ne favorise *pas* mon bien-être émotionnel, je me mets immédiatement à me concentrer sur quelque chose de plus constructif. Par exemple, je peux me concentrer sur un mot précis comme « équilibre » ou « amour », ou sur une phrase comme « va de l'avant » ou « tout va bien ». Au lieu d'essayer de déterminer pourquoi je ne me sens pas bien, je me borne à employer mon énergie pour élever mes pensées afin de favoriser ma santé et mon bien-être émotionnel. Il y a de nombreuses années, j'ai appris une importante leçon d'un professeur de méditation sur la façon de composer avec la négativité. Ce professeur utilisait l'analogie suivante : « Imaginez que votre esprit est une superbe coupe ancienne. Lorsque cette coupe est remplie de pensées négatives, si vous essayez de chasser ces pensées, vous gaspillerez une précieuse quantité d'énergie et donnerez à ces pensées encore plus de pouvoir. Employez plutôt votre énergie à remplir la coupe de pensées positives et la négativité s'en écoulera tout naturellement. ». Alors, quand je me sens frustrée, déprimée ou accablée par le doute, je sais que je peux me tourner vers trois ou quatre livres favoris et y puiser une bonne dose d'inspiration ou de pensées génératrices de pouvoir !

Décidez d'une pratique quotidienne qui vous permettra de rééduquer votre esprit. Pour débuter, achetez un paquet d'autocollants ou de cure-dents. Cet exercice a beau avoir l'air simple, mais les personnes qui l'ont essayé peuvent toutes attester de son efficacité. Gardez à proximité quelques-uns de vos livres favoris en cas de besoin. Votre objectif est d'être aux commandes de vos pensées !

Passez à l'action ! Faites la paix avec votre critique intérieur

La prochaine étape dans la rééducation de votre esprit consiste à faire la paix avec votre critique intérieur. Il existe quelques moyens efficaces d'utiliser à votre avantage l'énergie et la sagesse de votre critique intérieur. Par exemple, il y a quelques années, alors que je suivais un atelier avec Henriette Klauser, auteur de *Writing on Both Sides of the Brain*, j'ai appris une importante leçon sur la façon de faire face à cet impitoyable critique. Dans le cadre d'un exercice d'écriture, Henriette nous a demandé d'entreprendre un dialogue écrit avec notre critique intérieur dès que ce dernier se manifestait. Elle nous a suggéré d'utiliser les questions suivantes pour entamer le dialogue :

- De quoi as-tu peur ?
- Que peux-tu m'apprendre ?

Dès que j'ai commencé à écrire, mon critique intérieur s'est mis de la partie : « Tu ne réussiras pas à faire cet exercice comme il faut » ou « Ton style d'écriture a sérieusement besoin d'amélioration ». Je me suis alors immédiatement arrêtée pour lui demander ce qu'il essayait de me faire comprendre. Au bout de plusieurs paragraphes de remarques désobligeantes, il a fini par dire : « J'essaie de t'empêcher d'écrire quelque chose de stupide. ». En poursuivant le dialogue, je me suis aperçue que j'avais tout simplement besoin de donner la parole à la partie vulnérable de moi-même, qui était envahie par la peur. Dès que je me suis mise à écouter mon critique avec compassion, notre dialogue m'a semblé plus informatif et moins antagoniste.

Au fil des ans, j'ai eu recours à cette technique et à bien d'autres similaires et j'ai appris que même si cette voix qui résonne à l'intérieur de nous-mêmes peut nous sembler très critique, elle cherche habituellement à nous dire quelque chose d'important. Pour faire la paix avec elle, vous n'avez qu'à vous mettre à l'écoute de sa sagesse. Neuf fois sur dix, le message que vous transmet votre critique intérieur est conditionné par la peur ; quand vous ouvrez le dialogue avec lui, c'est comme si vous l'enlaciez et l'incluiez dans votre cheminement créatif. Vous constaterez alors qu'il vous viendra en aide au lieu d'œuvrer contre vous.

Passez à l'action ! Faites-vous un allié intérieur

Daena Giardella, le professeur d'improvisation dont j'ai parlé plus tôt dans le présent chapitre, a créé une autre formidable méthode pour travailler avec le critique intérieur. Elle recommande à ses étudiants de se créer un « allié intérieur ». Cet allié constitue un puissant antidote au critique. Il est comme un ami dont la voix atteint une force telle qu'elle peut faire taire celle du critique intérieur.

Pour créer votre allié intérieur, commencez par dresser une liste d'affirmations qui ont pour effet de vous encourager. Commencez l'exercice en énumérant les qualités dont vous êtes le plus fier et qui favorisent la pleine expression de votre pouvoir. Puis, formulez ces qualités au moyen de phrases commençant par : « tu ». Par exemple, une de mes clientes qui se disait affable, généreuse, forte et courageuse, a formulé à partir de ces qualités plusieurs messages directs s'adressant à elle-même. Elle a écrit : « Tu es affable et généreuse » et « Tu as une âme forte et courageuse ». Après avoir rédigé plusieurs phrases du genre dans son journal, elle les a ensuite saisies dans son ordinateur et imprimées en gros caractères. Il lui importait de lire ces phrases chaque jour pour arriver à « installer » solidement dans son esprit la voix de son allié intérieur.

Essayez maintenant. Pensez à cinq de vos plus grandes qualités et inscrivez-les ici :

1.
2.
3.
4.
5.

Maintenant, à partir de ces qualités, formulez cinq affirmations commençant par « tu » qui vous rappelleront la force de votre pouvoir.

1.
2.
3.
4.
5.

Vous pouvez utiliser ces phrases par de nombreuses façons pour qu'elles vous procurent le soutien recherché. Par exemple, supposons que vous deviez vous préparer à une entrevue pour obtenir un emploi et que vous soyez très nerveux. Vous savez que vous êtes un programmeur extrêmement habile et compétent, mais lors d'entrevues antérieures, vous vous êtes souvent senti envahi par la peur, devenant ainsi incapable de mettre votre expérience adéquatement en valeur. Comme vous êtes en état de vulnérabilité, votre critique intérieur vous envoie ses messages négatifs habituels : « Tu te perds toujours en digressions et n'arrive jamais au bout de ta pensée » et « Personne ne voudrait t'embaucher ». Mais au lieu de céder à cette voix dévalorisante, vous donnez la parole à votre allié intérieur en répétant vos phrases tout haut en vous rendant à votre entrevue : « Tu es un programmeur très intelligent et très compétent » ou « Tu es une personne intelligente qui sait exactement ce qu'il faut dire ». Vous pouvez également enregistrer ces affirmations sur cassette et les écouter en chemin vers votre entrevue.

Plus vous vous fiez à votre allié intérieur, plus vous avez la force et la capacité de faire face à des situations qui vous inspirent de la crainte. Si vous éprouvez de la difficulté à trouver un langage pour cet allié, demandez de l'aide à votre partenaire ou aux membres de votre groupe « Reprenez votre vie en main ». Demandez à quelqu'un de votre groupe de jouer le rôle de votre allié en vous énumérant vos plus grandes qualités d'une voix puissante et assurée. Assurez-vous de coucher ces phrases sur papier afin de pouvoir ensuite rédiger le script dont vous aurez besoin pour créer votre propre allié personnel.

Il existe d'autres moyens pratiques pour éveiller la voix de votre allié intérieur. En voici quelques-uns :

– Dessinez, peignez ou sculptez une image de votre allié intérieur, que vous garderez bien en vue.

– Procurez-vous un symbole ou une statuette qui représente votre allié intérieur (j'utilise personnellement une statuette de Quan Yin, déesse de la compassion et de la miséricorde).
– Écrivez dans votre journal une lettre adressée à vous-même et provenant de votre allié intérieur (marquez cette page d'un signet !).
– Donnez un nom à votre allié intérieur.
– Placez une photo où vous avez l'air confiant et fort dans un endroit où vous pourrez la voir fréquemment.

À l'époque où je mettais la dernière main à la présente section, j'ai eu une conversation avec mon amie SARK, qui a écrit plus de onze livres, dont le plus récent s'intitule *Prosperity Pie*. J'ai demandé à SARK comment elle composait avec son critique intérieur. Voici ce qu'elle m'a répondu : « J'ai plusieurs méthodes. Je bannis certains critiques et j'en réaffecte d'autres. Par exemple, j'ai réaffecté en Afghanistan le critique intérieur qui m'enjoignait de prendre soin de tout le monde. Là-bas, il s'occupe des réfugiés pendant qu'ici, je m'occupe d'écrire mon livre. ».

Y a-t-il des critiques intérieurs que vous devriez bannir ou réaffecter ? Lesquels ? Qui sont-ils ?

Surveillez vos paroles

Maintenant que vous maîtrisez mieux vos pensées, il est temps de parler de l'importance de changer votre langage.

Passez à l'action ! Révisez votre vocabulaire

Cette semaine, portez attention à la fréquence avec laquelle vous employez des mots qui compromettent votre pouvoir.

Reportez-vous à la liste que vous avez dressée antérieurement à la page 117 et consultez la liste suivante pour trouver des idées sur la façon de modifier votre langage :

Vieux mots	*Nouveaux mots*
« Je pense »	« Je sais »
« Je vais essayer »	« Je le ferai »
« Peut-être »	« Assurément »
« Je ne suis pas certain »	« J'en suis sûr »
« J'imagine »	« Je confirme »
« Je m'excuse »	« J'ai confiance en moi »
« Je suis si bête »	« Je ne suis pas plus bête qu'un autre »
« Cela ne fait rien »	« Voici ce que je veux »
« Nous verrons »	« C'est certain »

Maintenant, dressez la liste de trois de vos vieux mots ou phrases ainsi que des nouveaux mots et phrases avec lesquels vous comptez les remplacer :

Vieux	*Nouveau*
1.	1.
2.	2.
3.	3.

Demandez à votre partenaire ou à un membre de votre groupe Reprenez votre vie en main de vous aider à trouver de nouveaux mots ou phrases qui vous procurent un plus grand sentiment de pouvoir. Lorsque vous aurez trouvé, je vous propose une petite technique très efficace pour vous aider à perdre l'habitude d'utiliser un langage qui annule votre pouvoir. Vous aurez besoin d'un partenaire avec qui vous passez beaucoup de temps et qui a votre plus grand bien-être à cœur. Demandez à cette personne de vous donner une petite tape sur l'épaule chaque fois que vous employez un mot ou une phrase que vous aimeriez changer. Laissez cette petite tape vous rappeler de prendre un temps d'arrêt afin de changer votre langage. Quand je suggère à mes clients d'essayer cette technique avec des proches, il leur faut habituellement deux semaines pour que le changement s'installe.

Agissez différemment

Nous voici maintenant à la dernière étape. Il est temps de changer les comportements qui compromettent votre pouvoir. Par exemple, vous pourriez décider de cesser de détourner les compliments qui vous sont adressés. Quand nous balayons un compliment du revers de la main, c'est habituellement parce que nous ne voulons pas qu'une autre personne se sente inférieure. Nous nous effaçons pour rendre les autres plus à l'aise. Par exemple, quand une personne nous dit : « Tu es superbe aujourd'hui, j'adore ton ensemble », nous essayons de minimiser la chose en répondant : « Ces vieilles hardes ? Cet ensemble remonte à des années. C'est toi qui es superbe ! ».

Ma mère et moi, nous nous sommes aidées mutuellement à changer ce type de comportement à l'aide d'un petit jeu. Comme nous avions toutes deux de la difficulté à accepter les compliments, nous avons décidé d'utiliser le mot « merci » pour nous rappeler l'une l'autre d'accepter avec élégance toutes les gentillesses que les autres nous adressaient. Chaque fois que l'une d'entre nous entendions l'autre détourner un compliment, elle se contentait de sourire en disant : « Un simple merci suffira. ».

Au début de ma relation avec Michael, mon mari, nous avions tous deux la mauvaise habitude de nous adresser l'un à l'autre de façon indirecte quand venait le temps de décider des activités que nous voulions faire ensemble. Pour remédier au problème et faire en sorte que nos échanges de propos cessent d'être vagues et indirects afin qu'ils deviennent directs, nous avons commencé à utiliser une échelle de dix points. Quand Michael me demande si j'aimerais aller au cinéma, je lui réponds par l'affirmative si je suis certaine d'en avoir absolument envie; si mon sentiment est plus mitigé, je lui indique sur une échelle de 1 à 10 à quel point ce projet suscite mon intérêt. Et il fait de même avec moi. Nous nous sommes tous deux engagés à répondre avec honnêteté quand nous donnons un chiffre.

Cette échelle de dix points est également utile pour faire des choix difficiles, comme lorsque l'un d'entre nous désire faire quelque chose dont l'autre n'a pas vraiment envie. Par exemple, si Michael me demande de l'accompagner à une soirée mondaine et que je refuse, il m'indique au moyen de cette échelle à quel point il voudrait que je l'accompagne. En d'autres mots, il sait que s'il choisit un 9 ou un 10 pour exprimer à quel point ma présence lui importe, j'accepterai de me joindre à lui. Ce système tout simple nous a permis non seulement de communiquer directement nos besoins, mais aussi d'éviter bien des affrontements.

Passez à l'action ! Éliminez les gestes que vous posez et mettez un terme à l'inaction qui dissimulent votre pouvoir

Que comptez vous faire (ou ne plus faire) pour cesser de dissimuler votre pouvoir ? Quand vous changez votre comportement et troquez les actions qui diminuent votre pouvoir pour des actions qui l'accroissent, il est fort probable que vous éprouviez un fort sentiment d'inconfort. Il n'y a rien de mal à « faire semblant » au début, car avant longtemps, vous serez parfaitement à l'aise avec le pouvoir. Voici quelques questions à considérer :

Que devriez-vous commencer à faire ?
Que devriez-vous cesser de faire ?
Quelles actions comptez-vous changer ?
Devriez-vous cesser de parler de façon excessive ?
Auriez-vous besoin de changer votre image ?

Devriez-vous apprendre à recevoir les compliments avec amabilité et simplicité ?
Deviez-vous apprendre à vous faire une opinion et à la partager ?
Devriez-vous cesser de remettre les choses au lendemain ?
Y a-t-il une action que vous devriez poser pour vous respecter davantage ?
Avez-vous besoin d'apprendre à admettre votre ignorance quand vous ne savez pas quelque chose ?
Avez-vous besoin d'apprendre à demander directement ce que vous voulez et ce dont vous avez besoin ?

Les cinq choses que je dois changer sont :

1.
2.
3.
4.
5.

Ce n'est que lorsque vous prenez conscience de la façon dont vos actions (ou votre inaction) vous privent de votre pouvoir que vous pouvez commencer à faire un changement – la prise de conscience est la première étape. Prenez un engagement face à vous-même d'effectuer de petits changements de comportement chaque jour. Par exemple, si vous avez l'habitude de permettre à votre mari de décider du film que vous allez voir, choisissez-le vous-même la prochaine fois. Si votre bureau est complètement sens dessus dessous, prenez dix minutes chaque jour pour le remettre en ordre. Choisissez un moment de calme pour planifier votre journée. Consacrez une heure par jour à faire exactement ce dont vous avez envie. Soyez patient et compréhensif envers vous-même, car ces changements ne se produiront pas du jour au lendemain.

Passez à l'action ! Récapitulez les méthodes qui vous permettront de reconquérir votre pouvoir

Avant de terminer ce chapitre, nous allons établir un plan d'action qui vous inspirera à changer vos pensées, vos paroles et vos actions. Remplissez les espaces blancs suivants avec l'information pertinente.

Pour rééduquer mon esprit, je vais :

Je compte renforcer la voix de mon allié intérieur en faisant les trois choses suivantes :

1.
2.
3.

Je compte remplacer les mots et les phrases suivants avec de nouveaux, qui favorisent la reconquête de mon pouvoir :

Vieux mots ou phrases : *Nouveaux mots ou phrases :*

Ce que je cesserai de faire :

Ce que je mettrai à faire :

Ressources

Livres

Power Through Constructive Thinking, par Emmet Fox (Harper, San Francisco, 1989).

Quand j'éprouve le besoin de réorienter mes pensées dans la bonne direction, j'ouvre ce livre. Regorgeant de conseils sages et pratiques, il figure dans ma liste de favoris.

Find and Use your Inner Power, par Emmet Fox (Harper, San Francisco, 1992).

Une série de courts essais sur le pouvoir que recèle la pensée de changer le cours de votre vie.

Ready 2Dress, par Susannah Constantine et Trinny Woodall (Cassell, 2000).

Les auteurs de ce formidable livre enseignent aux femmes comment prendre acte de leur silhouette, de leur taille, de leur personnalité et de leur style de vie et à choisir judicieusement leurs vêtements en fonction de ces aspects.

Prosperity Pie: How to Relax About Money and Everything Else, par SARK (Fireside, 2002).

Quand vous n'en pouvez plus de vous en faire pour des questions d'argent et que vous avez besoin de tranquillité d'esprit, ce livre est l'instrument idéal !

Writing on Both Sides of the Brain, par Henriette Anne Klauser (Harper San Francisco, 1987).

Le livre par excellence pour les écrivains qui veulent apprendre à apprivoiser leur critique intérieur.

Sites Web

www.colourmebeautiful.co.uk

Colour Me Beautiful figure parmi les chefs de file mondiaux des consultants en matière d'image. Si votre image personnelle ou professionnelle vous préoccupe, vous trouverez sur ce site Web de multiples conseils et renseignements.

www.beliefnet.org

Voilà un site extraordinaire qui renferme une mine d'information et d'inspiration sur des sujets comme la spiritualité, la religion, la famille, la morale, la communauté et bien plus encore.

www.totalimageconsultants.com

Ce site Web offre une grande variété d'information sur l'image, la mode, le maquillage et les soins cutanés pour vous aider à exprimer vos valeurs personnelles par votre image extérieure.

www.campsark.com

Le site Web de SARK offre divers outils qui vous permettront de reprendre contact avec votre pouvoir créatif.

CHAPITRE QUATRE

Misez sur vous-même

MAINTENANT QUE VOUS AVEZ COMMENCÉ À reprendre possession de votre pouvoir, il importe de consolider cette fondation en devenant votre plus grand allié et défenseur. Cela signifie créer les outils dont vous aurez besoin pour vous affirmer. Comme vous l'avez appris dans le chapitre précédent, le pouvoir est l'énergie spirituelle qui alimente vos efforts menant à une vie authentique et pleine de sens. Vous avez vu qu'en laissant votre esprit se concentrer sur des pensées défaitistes ou en employant des mots et en posant des gestes qui portent atteinte à votre amour-propre, vous annuliez votre pouvoir. Mais il existe une autre façon de vous priver de votre pouvoir : le céder aux autres.

Quand vous permettez aux autres de vous dérober du temps, de l'énergie ou de la tranquillité d'esprit, vous abandonnez votre pouvoir. Par exemple, si vous évitez les conflits en ne demandant pas directement ce que vous voulez, ou négligez d'établir vos limites face à une personne qui vous draine de l'énergie, c'est comme si vous mettiez les autres aux commandes de votre vie. Et en laissant votre entourage mener votre barque, vous vous envoyez à vous-même (et aux autres) un douteux message : vous ne valez pas la peine que vos besoins soient remplis.

Un matin, sous la douche, mon amie Caroline a remarqué sur sa poitrine deux petits grains de beauté à l'apparence suspecte. Au bout de quelques jours à essayer de se convaincre qu'il n'y avait pas de quoi s'inquiéter, elle a finalement trouvé le courage de prendre un rendez-vous avec son dermatologue. Une semaine plus tard, envahie par l'anxiété, elle est arrivée en avance à son rendez-vous et on l'a fait passer dans la salle d'examen.

On a ensuite demandé à Caroline d'enfiler une chemise d'hôpital et d'attendre le médecin, qui n'allait pas tarder. Assise sur la table d'examen, elle sentait sa nervosité augmenter. Au bout de 45 minutes, Caroline a commencé à perdre patience, et son anxiété était à son paroxysme. Elle avait envie de se rhabiller et de se rendre à la réception pour savoir pourquoi le docteur tardait tant. Mais comme elle ne voulait pas risquer de se faire remarquer, elle a décidé de rester assise et d'attendre patiemment.

Quinze minutes plus tard, le médecin est arrivé avec un interne et a demandé à Caroline si celui-ci pouvait assister à l'examen. Immédiatement, Caroline a répondu : « Bien sûr ». Mais à l'intérieur d'elle-même, elle était furieuse. Elle se disait : « Je ne peux pas croire que j'ai attendu ici pendant une heure pour me retrouver en position de vulnérabilité devant un étranger qui m'observe la poitrine ! C'est humiliant et j'ai honte. Comment mon médecin a-t-il pu manquer de sensibilité à ce point ? ». Vingt minutes plus tard, alors que Caroline quittait le bureau du médecin après que celui-ci l'ait assurée qu'elle était en pleine santé, elle était toujours très en colère. Mais l'objet de cette colère avait changé. Elle était furieuse contre elle-même parce qu'elle n'avait rien osé dire au médecin.

Plus tard cet après-midi-là, Caroline m'a téléphoné pour me raconter l'incident. Quand je lui ai demandé pourquoi elle n'avait rien dit, elle a simplement répondu : « Je ne sais pas, j'étais embarrassée et je n'arrivais tout simplement pas à trouver le ton. ». Elle s'est ensuite mise à se faire des reproches en comparant cet incident à toutes les autres fois où, par le passé, elle avait omis de dire ce qu'elle pensait.

Je suis certaine qu'il vous est arrivé plus d'une fois de vous mettre en colère contre vous-même pour être demeuré silencieux alors que vous auriez dû prendre la parole ou avoir accepté de faire quelque chose que vous avez plus tard regretté. Par exemple, peut-être avez-vous été incapable de remettre à sa place un ami qui critiquait la façon dont vous éleviez vos enfants ou un étranger qui est passé devant vous au bureau de poste alors que vous faisiez patiemment la queue. Peut-être avez-vous accepté d'expliquer à une amie le fonctionnement de son ordinateur un soir où vous auriez nettement préféré rester à la maison avec votre famille. Ou peut-être avez-vous été incapable de demander une augmentation bien méritée au travail, ou d'établir des limites face à un ami qui passe son temps à se plaindre de la tournure dramatique de sa vie.

Pour la plupart d'entre nous, placer les besoins des autres avant les nôtres est une habitude inconsciente que nous traînons depuis l'enfance. Comme nous recherchons l'amour et l'approbation de notre entourage, il devient pour nous automatique de dire oui sans penser aux conséquences. C'est humain de vouloir être apprécié et aimé. Mais quand notre raison d'être est de faire plaisir aux autres et que nous en venons à passer plus de temps à penser à eux qu'à nous-mêmes, la situation devient problématique. Nous devenons des martyrs, ou au mieux, habités par le ressentiment et notre humeur s'en ressent. Ma cliente Theresa était un bon exemple de personne coincée dans le rôle de martyre.

Theresa était reconnue dans le quartier comme la mère de famille sur qui tout le monde pouvait compter. Si quelqu'un avait besoin d'une gardienne, il appelait Theresa. Si des enfants devaient être conduits quelque part en voiture, Theresa se portait volontaire, son véhicule pouvant loger quatre petits passagers. Quand venait le temps de célébrer un anniversaire, Theresa était toujours prête à organiser la fête. Lorsque ses enfants, devenus adultes, ont quitté le domicile familial et ont eu des ennuis, ils n'ont pas hésité à appeler maman pour qu'elle les tire du pétrin. Résultat : au bout de nombreuses années à jouer à l'héroïne, Theresa était exténuée et remplie d'amertume.

Au début, lors de nos conversations, Theresa se plaignait de ses enfants et de leurs problèmes ainsi que de ses amis qui ne lui téléphonaient jamais. Elle disait se sentir amère et isolée et souhaiter que les autres l'apprécient davantage. Au lieu de cela, disait-elle tristement, ils ne la voyaient que s'ils avaient besoin de quelque chose. Et je commençais à comprendre pourquoi.

Parfois, le besoin de faire plaisir aux autres est comme un manteau que nous enfilons dès l'enfance et que nous gardons jusqu'à l'âge adulte. Membre d'une famille de cinq enfants, Theresa avait appris très tôt à donner priorité aux besoins des autres afin d'obtenir de l'attention. Elle aidait aux travaux domestiques, travaillait dur à l'école pour avoir de bonnes notes et n'hésitait pas à venir en aide à ses amis lorsqu'ils étaient dans le besoin. Mais quand elle a atteint l'âge adulte, ce rôle ne donnait plus les résultats escomptés. Ses amis en avaient assez de « percevoir » son ressentiment et de l'entendre se plaindre inlassablement de ses enfants. À l'occasion de l'une de nos conversations téléphoniques, alors que je lui soulignais l'importance de reconnaître sa responsabilité dans la situation qu'elle avait créée, je lui ai fortement suggéré de troquer son rôle de martyre pour un autre plus valorisant. Theresa admettait qu'il était temps pour elle de cesser de céder son pouvoir aux autres et d'établir des limites plus claires relativement à ce qu'elle voulait et ne voulait plus faire. Elle était dorénavant prête à laisser tomber son rôle de martyre et à reprendre possession de son pouvoir.

Si vous n'êtes pas de ceux et de celles qui éprouvent un besoin irrépressible de faire plaisir aux autres, peut-être avez-vous de la difficulté à vous affirmer dans d'autres circonstances. Par exemple, si vous projetez votre crainte des conflits sur quelqu'un d'autre, cette habitude risque de vous empêcher de dire la vérité. Peut-être tenez-vous absolument à éviter de provoquer le malaise qui s'installe inévitablement lorsqu'il y a divergence d'opinion. Peut-être souffrez-vous d'une « phobie des conflits », c'est-à-dire une aversion viscérale pour tous les types de conflits.

La phobie des conflits

Tenez-vous à maintenir la paix à n'importe quel prix ? Avez-vous déjà été capable de discuter calmement en cas de divergence d'opinion sans que votre cœur se mette à battre la chamade et que les paumes de vos mains se liquéfient ? Peut-être avez-vous la phobie des conflits. Voyez si vous vous identifiez à l'une ou l'autre des affirmations suivantes :

– Vous tolérez les comportements désagréables des autres et, après une altercation, fantasmez souvent sur ce que vous auriez dû leur dire.
– Vous avez la nausée à la simple idée de dire clairement votre façon de penser.
– Lorsqu'un conflit se présente, vous avez l'impression qu'un courant électrique de haut voltage vous traverse les veines.
– Au lieu de faire face aux conflits, vous vous tournez vers la nourriture, l'alcool, la cigarette, le travail, les tâches ménagères ou la télévision pour anesthésier votre anxiété.
– Vous rationalisez les mauvais comportements et dissimulez votre sentiment de contrariété au lieu d'affronter directement une personne qui s'est conduite avec vous de façon désobligeante.

– Vous rejouez encore et encore des conversations désagréable dans votre esprit pour essayer de comprendre le comportement inapproprié des autres.
– Vous vous excusez ou acquiescez passivement au lieu de dire ce que vous pensez.

Si vous vous reconnaissez dans l'une ou l'autre des phrases ci-dessus, cela pourrait vouloir dire que vous cédez votre pouvoir en évitant les conflits et en omettant d'exprimer clairement vos besoins. La phobie des conflits a ses racines dans la petite enfance et dans la façon dont on compose avec les frictions et les mésententes dans l'environnement familial. Vos parents criaient-ils, avaient-ils recours aux dénigrements ou à la violence ? Étiez-vous victime d'abandon émotionnel et physique après une éruption de colère ou une dispute ? Pouviez-vous exprimer librement vos sentiments sans répercussions négatives ? Votre peur des conflits a pour origine le foyer familial. Si, à la maison, vos parents avaient l'habitude de régler les problèmes quotidiens avec des hurlements, de la violence physique ou des humiliations, il est tout à fait normal que vous éprouviez de la difficulté face aux conflits plus tard dans la vie.

Lors d'une rencontre familiale à Cape Cod, j'ai été témoin d'un exemple tristement éloquent de la façon dont les méthodes de gestion des conflits sont parfois transmises des parents aux enfants. Un soir, à l'hôtel, alors que je me préparais pour le dîner, j'ai entendu un homme dans la chambre voisine crier après son jeune fils. Le garçon, qui devait avoir environ quatre ans, pleurait abondamment, pendant que son père lui enjoignait de se taire. Plus l'enfant sanglotait et plus son père criait. J'ai alors été abasourdie d'entendre ce que l'homme a dit à son fils : « Si tu n'arrêtes pas, Jack, je vais t'abandonner ! J'en ai par-dessus le tête de t'entendre chialer tout le temps. Arrête immédiatement sinon tu vas le regretter. ». Plus l'homme s'époumonait et plus le petit garçon pleurait, jusqu'à ce que le père pose un acte dramatique. Il a expulsé son fils de la pièce et lui a claqué la porte au nez !

Sachant qu'il est très mal avisé de critiquer ouvertement les actions d'un parent envers ses enfants, je me suis rendue à côté pour demander à l'homme s'il avait besoin d'aide. Mais avant même que j'atteigne la porte de la pièce, l'homme a rapidement tiré l'enfant vers l'intérieur. Debout dans le couloir, je n'en revenais pas de ce que je venais de voir ; finalement, découragée, je me suis éloignée. Il s'agissait là d'une illustration frappante de la façon dont les parents, par leurs propres réactions devant la détresse de leur progéniture, montrent aux enfants comment se conduire en cas de conflit. Même si j'étais certaine que la colère et la frustration de ce parent étaient probablement attribuables à d'autres facteurs, je savais que cette réaction excessive et cette rage auraient un impact direct sur la façon dont ce petit garçon réagirait à l'avenir face à un conflit.

Il n'est pas nécessaire que vos parents aient eu un comportement aussi extrême que dans l'exemple ci-dessus pour instiller en vous une crainte des conflits. Chaque fois que ma cliente Connie agissait d'une façon que sa mère désapprouvait, celle-ci la punissait en cessant de lui adresser la parole. Si Connie n'avait jamais eu à subir ni cris ni violence physique de la part de ses parents, les silences de sa mère créaient chez elle un fort sentiment d'abandon émotionnel et la blessaient terriblement. Chaque fois que sa mère se refermait sur elle-même, Connie était envahie par la peur terrible qu'elle ne lui reparle plus jamais. Devenue adulte, Connie évitait les conflits à tout prix en reproduisant exactement le comportement de sa mère : elle s'enfermait dans le silence à la moindre contrariété.

Souvent, notre peur des conflits exige une intervention thérapeutique. Par exemple, si vous êtes incapable d'appliquer les conseils figurant dans le présent chapitre ou si vos tentatives de vous affirmer face à un membre de votre famille au comportement toxique (ce qui est plus difficile que tout) échouent, cela pourrait indiquer qu'il vous faut effectuer un travail plus profond. Étant donné que votre histoire personnelle a un effet marquant sur votre capacité à vous affirmer à l'âge adulte, il est parfois nécessaire de guérir d'anciennes blessures émotionnelles avant de faire quoi que ce soit. Par exemple, si vous avez vécu de la violence dans le passé, votre réaction à n'importe quel type de conflit peut être si intense que vous devenez paralysé par la peur. Dans ce cas, la simple idée de demander une augmentation à votre patron suffit à vous remplir de terreur. Si la charge émotionnelle entourant toute situation le moindrement conflictuelle est disproportionnée, ce n'est pas un travail de planification qui vous apprendra à faire sainement face aux conflits. Vous devrez avant tout effectuer une démarche de guérison émotionnelle.

Il s'agit ici d'un point important. Trop souvent, des membres de mes auditoires viennent me consulter parce qu'ils sont aux prises avec une personne toxique, habituellement un membre de la famille, qui se montre trop exigeant ou hautement critique. Après avoir essayé tous les moyens possibles pour dire la vérité et établir une relation saine avec ce parent (ce qui signifie habituellement qu'elles ont tout tenté pour le rendre heureux), ces personnes se retrouvent face à un mur. Elles ont désespérément besoin d'une nouvelle stratégie pour rendre cette relation viable.

Il importe avant toute chose de souligner que si vous ne pouvez pas dire la vérité et être vous-même avec quelqu'un, il ne s'agit pas d'une relation, mais bien d'un arrangement. Lorsque vous avez de la difficulté à établir vos limites face à un personne toxique de votre entourage, il se peut que vous ayez besoin de l'aide d'un thérapeute compétent et non d'une nouvelle méthode pour entrer en relation avec autrui.

L'une des principales raisons pour lesquelles nous évitons les conversations difficiles est que nous ne possédons pas un langage adéquat, propice à la résolution de problèmes. La plupart d'entre nous n'avons jamais appris à dire la vérité avec courtoisie et amour. Au lieu de cela, nous attendons d'être gonflés à bloc et étouffés par le ressentiment et la colère avant de faire quelle que démarche que ce soit pour régler la question. Alors, aveuglés par d'intenses émotions, nous finissons par projeter notre colère ou notre frustration sur l'autre personne et, par conséquent, par ne rien régler du tout. En fait, nous ne faisons qu'aggraver la situation.

Votre incapacité à vous affirmer vous coûte très cher. Chaque fois que vous négligez de demander ce dont vous avez besoin ou de dire ce que vous pensez à une personne qui vous a traité de façon désobligeante, vous érodez votre confiance et votre estime de vous-même. Votre bien-être émotionnel est compromis lorsque vous réprimez vos émotions et que vous vous accablez ensuite de reproches en raison de votre inaction. Et lorsque vous remettez constamment à plus tard une conversation difficile, comme nous le verrons dans le cas de Robin, vous ne faites que prolonger votre cauchemar.

Mon amie Robin a pris conscience de ce qu'il lui en coûtait de ne pas s'affirmer lorsqu'elle est tombée malade lors d'un séjour d'une semaine à la campagne avec des amis. Sa colocataire avait invité une femme du nom d'Adrienne, reconnue pour son penchant pour les remarques sarcastiques. Pendant toute la première partie de la semaine, Adrienne s'est moquée de Robin et de sa façon de s'habiller et de se coiffer. Lorsque Robin a choisi de laisser passer ces « taquineries », Adrienne, voyant qu'elle avait affaire à une cible facile, a poursuivi de plus belle ses farces et ses sarcasmes. Même si ces commentaires blessaient Robin, elle refusait de s'en faire outre mesure pour des remarques qu'elle considérait stupides et insidieuses. Elle a donc décidé de les ignorer. À ses dépens.

Plus tard au cours de la semaine, Robin a commencé à éprouver des malaises physiques. Elle avait la nausée et craignait d'avoir attrapé la grippe. Lorsque je lui ai demandé si elle voyait un rapport entre son malaise et le comportement d'Adrienne, elle m'a répondu qu'elle n'avait pas encore fait le lien à ce moment-là. Elle m'a toutefois avoué que quelque chose lui disait qu'elle devrait manifester son mécontentement face au comportement d'Adrienne.

Un après-midi, alors que le groupe s'était rendu à une épicerie des environs pour y acheter des provisions, Adrienne s'est tournée vers Robin et lui a dit : « Qui est l'imbécile qui a emballé la salade de cette façon ? » tout en sachant parfaitement bien que c'était Robin. Celle-ci a eu l'impression « d'avoir reçu un coup de poing dans le ventre », et soudain tout s'est éclairci. Alors, décidant que sa santé était plus importante que le maintien de la paix, elle a pris Adrienne à part et lui a dit la vérité : « Quand tu me parles comme ça, je me sens horriblement mal. Si tu n'as rien de constructif à me dire, je te prierais de ne plus m'adresser la parole ! ». Elle s'est aussitôt préparée à encaisser une solide réplique de la part d'Adrienne. Mais à sa grande surprise, celle-ci s'est immédiatement confondue en excuses (un comportement répandu chez les tyrans lorsqu'on les met en face de leur comportement).

Avant de réagir, Robin a fait comme la plupart des gens – elle a minimisé l'impact du comportement d'Adrienne et ignoré ses propres sentiments afin d'éviter de provoquer un conflit. Ce n'est que lorsque son corps s'est mis à sonner l'alarme qu'elle a pris conscience de la situation. Le corps ne ment jamais. L'une des meilleures façons de savoir quand il est temps de vous affirmer est de porter attention à vos réactions physiques. Votre corps vous aidera toujours à savoir quand vous devez faire une mise au point. Comme nous l'avons vu au chapitre 2, il s'agit là d'une des principales façons dont vos émotions vous aident à prendre bien soin de vous-même. Par exemple, quand quelqu'un transgresse l'une de vos limites, il se peut que vous éprouviez une tension dans le cou et les épaules. Par exemple, si un ami vous retient au téléphone pendant des heures (et que vous le laissez faire), il se peut que vous sentiez les poils de votre nuque se hérisser à mesure qu'augmente votre colère.

Trop souvent, nous noyons nos émotions plutôt que de nous fier à leur sagesse. Par exemple, à la suite d'une conversation téléphonique difficile, il n'est pas rare de voir certaines personnes se jeter, pour se calmer, sur des aliments à base d'hydrates de carbones. Au terme d'un de vos innombrables affrontements avec votre adolescent, il se peut que vous ouvriez la télévision pour anesthésier votre colère. Une femme avec qui j'ai travaillé a reconnu que sa peur du conflit était la raison pour laquelle elle n'arrivait pas à stabiliser son poids. Après avoir tenu pendant deux semaines un journal où elle notait tout ce qu'elle mangeait, elle a remarqué que chaque fois que quelqu'un disait ou faisait quelque chose qui l'irritait, elle se précipitait immédiatement vers le réfrigérateur au lieu de faire face au problème.

Qu'entend-on par limites ?

Avez-vous de la difficulté à vous affirmer et à dire les choses comme elles sont ? Acceptez-vous souvent de faire des choses que vous n'avez pas vraiment envie de faire ? Vous sentez-vous coupable de donner priorité à vos propres besoins ? Si oui, il est temps d'établir quelques limites !

Si on me demandait de nommer la démarche la plus susceptible de solidifier la force émotionnelle et d'améliorer la vie des gens, je répondrais sans hésiter « établir des limites plus claires ». Selon mon expérience, 80 % des problèmes que j'ai rencontrés chez les gens qui essaient de vivre une vie plus authentique, sont attribuables à des limites inadéquates. Lorsque nous permettons aux autres de faire fi de nos limites parce que nous craignons un affrontement ou que notre décision de donner priorité à nos propres besoins ait des conséquences négatives, nous devenons colériques, frustrés et pleins de ressentiment.

Maintenant que vous avez une meilleure idée de qui vous êtes, de ce qui vous tient à cœur et que vous avez commencé à exprimer votre pouvoir de façon plus directe, il est temps d'établir certaines limites.

Une limite solide est comparable à un champ énergétique ou à une « barrière psychique » qui protège votre corps, votre intellect et votre âme de tous les dangers. Imaginez que ce champ rayonne tout autour de votre corps, vous prémunissant contre toute influence négative susceptible d'envahir votre espace vital. Par exemple, vous laissez votre mari ou votre épouse se tenir tout près de vous, mais gardez les étrangers à une plus grande distance (une limite qui protège votre corps) ; ou vous demandez à un ami proche de vous donner son avis sur votre façon de travailler, mais ne permettez pas à un étranger de faire quelle que remarque que ce soit à ce sujet (une limite qui protège votre intellect et/ou votre âme).

Le fait d'avoir en place de solides limites vous rend plus disponible aux autres dans l'intimité, en plus de prévenir les conflits. Par exemple, au lieu de vous refermer sur vous-même face à un membre de votre famille qui vous dénigre, vous vous fiez à votre réaction émotionnelle comme à un signal vous indiquant qu'une limite doit être établie. Une fois que vous avez dit à ce membre de votre famille que vous n'acceptez plus d'être traité de cette façon (et que vous joignez l'acte à la parole), vous devenez en mesure d'assister aux réunions familiales dans un état d'esprit plus détendu et plus ouvert.

Passez à l'action ! Dans quelles circonstances devriez-vous vous affirmer ?

La première étape pour apprendre à vous affirmer consiste à prendre conscience des circonstances dans lesquelles vous auriez avantage à établir de meilleures limites. En d'autres mots, il vous faut déterminer où vous avez besoin de plus d'espace, d'amour-propre, d'énergie et de pouvoir personnel. Voyons maintenant certains types de limites que vous auriez avantage à mettre en place :

Les autres ne doivent pas...

Fouiller dans mes affaires personnelles.
Me critiquer.
Passer des commentaires à propos de mon poids.

Déverser sur moi leur colère.
M'humilier devant les autres.
Raconter des blagues de mauvais goût ou racistes en ma présence.
Envahir mon espace personnel.
Commérer en ma présence.

J'ai le droit de demander...

Le respect de ma vie privée.
Des renseignements plus précis de la part d'un professionnel de la santé.
Une nouvelle coiffure à un coiffeur fréquenté de longue date (ou à un nouveau coiffeur).
De la tranquillité quand j'essaie de me concentrer ou de me détendre.
De reporter un rendez-vous avec un ami si je ne suis pas bien disposé.
De l'aide pour les tâches ménagères.
Plus de renseignements avant de faire un achat.
Plus de temps avant de prendre une décision.

Pour préserver mon temps et mon énergie, je me donne la permission de...

Désactiver la sonnerie du téléphone.
Retourner mes appels ou mes messages électroniques dans un délai d'une semaine (et non d'une journée).
Demander à un ami ou à un collègue d'arriver à l'heure à un rendez-vous.
Annuler ma participation à une activité bénévole.
Annuler un engagement quand je me sens indisposé.
Prendre une journée à l'occasion pour soigner ma santé mentale.

M'aménager un endroit dans la maison où personne d'autre n'est admis.
Déléguer les tâches que je ne veux plus accomplir.

Maintenant, à vous de jouer. En complétant les trois phrases suivantes, vous aurez une meilleure idée des types de situations dans lesquelles vous auriez avantage à ériger des limites plus claires. Si vous avez de la difficulté à y arriver, essayez de vous rappeler une circonstance où vous avez éprouvé de la colère, de la frustration ou du ressentiment. N'oubliez pas que vos émotions constituent votre système de guidage interne et qu'elles vous fourniront des indices sur les situations dans lesquelles vous auriez dû vous affirmer dans le passé.

Complétez la phrase du début avec dix exemples (ou plus). Évitez de censurer vos pensées et contentez-vous d'écrire. Même les plus petits exemples ont leur importance. Peut-être la caissière de votre épicerie vous a-t-elle demandé par erreur un montant trop élevé pour vos achats et que vous n'avez rien dit. Ou peut-être que lors d'une sortie au restaurant avec une amie, vous n'avez pas osé retourner votre saumon trop cuit pour éviter de faire tout un « plat ». Enfin, peut-être qu'au lieu de dire à un ami rencontré en vous rendant au bureau que vous n'aviez pas le temps de bavarder, vous l'avez laissé parler et vous mettre en retard. Ces « petites choses » ont beau avoir l'air sans importance, mais elles constituent toutes d'éloquents exemples des façons dont nous laissons notre pouvoir nous échapper, peu à peu, petit à petit. Le fait de vivre de telles expériences n'est pas un signe de faiblesse de caractère. En effet, j'ai eu l'occasion de travailler avec de nombreux clients qui, malgré une grande confiance en eux-mêmes, vivaient des expériences tout à fait similaires. Cela peut sembler simpliste, mais quand vous retournez un plat qui n'a pas été confectionné comme vous l'aviez demandé, ce n'est pas le mets en lui-même qui est vraiment en cause; ce qui importe, c'est qu'en agissant de la sorte, vous vous dites à vous-même, ainsi qu'au monde entier : « Je mérite d'obtenir ce que je veux et je me respecte suffisamment pour l'exiger. ». L'importance de s'affirmer tient moins à la situation elle-même qu'à l'effet bénéfique de ce geste sur votre amour-propre. En établissant des limites, même si c'est difficile, vous donnerez un sérieux coup de pouce à votre confiance et estime de vous. En retour, vous aurez plus de facilité à vous affirmer dans des situations futures.

1. Les autres ne doivent pas...

2. J'ai le droit de demander...

3. Pour préserver mon temps et mon énergie, je me donne la permission de...

Mettez ces trois listes de côté pendant une semaine, puis ressortez-les et inscrivez-y tout autre élément pertinent qui vous vient à l'esprit.

Parfois, le simple fait de prendre conscience des situations dans lesquelles vous auriez avantage à solidifier vos limites peut avoir l'effet recherché. J'ai souvent pu constater que les gens ont tout simplement besoin de se donner la permission de se respecter et de prendre soin d'eux-mêmes. Même si l'imposition de limites peut avoir l'air d'un geste égoïste, c'est aussi une bonne façon de respecter les besoins des autres. En effet, lorsque vous prenez conscience de vos limites (et que vous commencez à en tenir compte), vous vous mettez tout naturellement à voir (et à respecter) les limites d'autrui.

L'établissement de limites constitue l'une des meilleures façons de bâtir votre estime de vous-même. Voici une analogie utile : imaginez que vous êtes un superbe bâtiment de dix étages, dont chacun représente un niveau de confiance et d'amour-propre. L'étage du dessus, le penthouse, vous symbolise à votre meilleur : plein d'assurance, capable de vous affirmer, direct et confiant. Chaque fois que vous prenez position, que vous fixez une limite ou que vous exprimez vos besoins, vous vous rapprochez du penthouse, c'est-à-dire de l'endroit où vous rêvez de vivre. Par contre, chaque fois que vous manquez une occasion de vous affirmer, l'ascenseur descend d'un étage ou deux. Voulez-vous vivre au sous-sol ? Sûrement pas !

Vos actions vous entraînent soit vers le haut, soit vers le bas. Même si les erreurs sont inévitables, plus vous vous habituerez à vous affirmer, plus vous serez pleinement vous-même. Réjouissez-vous : plus vous atteindrez des degrés élevés d'estime de vous, moins vous dégringolerez souvent. Il vous arrivera parfois de poser des gestes qui compromettront votre pouvoir, mais vous vous en rendrez rapidement compte et rectifierez la situation sans attendre. Et à mesure qu'augmenteront votre estime de vous et votre confiance, vous n'accepterez de faire que des choses qui vous feront honneur et qui respecteront qui vous êtes.

Chaque fois que vous vous affirmez, vous envoyez à votre entourage ainsi qu'à vous-même le message suivant : « Je n'accepte plus de laisser mon pouvoir me glisser entre les doigts. ». C'est comme si vous faisiez un dépôt dans votre « compte en banque spirituel », d'où vous pouvez retirer à loisir le courage et la confiance dont vous avez besoin pour vous affirmer pleinement !

Il existe une autre raison de vous affirmer. Si vous êtes incapable d'imposer vos limites, vous compromettez votre réussite. La raison en est très simple : chaque fois que vous négligez de dire ce que vous pensez ou de prendre les moyens de préserver votre temps et votre énergie, c'est comme si vous vous disiez que vous n'êtes pas digne de confiance. Tous les types de réussites, que ce soit dans le domaine relationnel, financier ou professionnel, entraînent de plus grandes responsabilités et, en conséquence, un besoin accru d'établir des limites claires. Or, si vous n'arrivez pas à vous affirmer, vous réduisez vos chances de succès parce que vous ne faites pas suffisamment confiance en votre capacité de saisir les occasions qui se présentent à vous. *Si vous n'arrivez pas à établir et à maintenir des limites claires, vous vivrez constamment dans la crainte de ne pouvoir assumer les nouvelles responsabilités qui accompagnent inévitablement la réussite.*

Bon, assez parlé, il est maintenant temps d'agir.

Passez à l'action ! Préparez-vous à établir vos limites

Maintenant que vous avez pris conscience des domaines où vous auriez avantage à faire certaines mises au point, il est temps de passer à l'action. Commençons par établir des limites face aux autres. J'ai cinq conseils à vous donner pour les situations où vous devez avoir une conversation difficile :

1. Précisez votre intention.
2. Obtenez du soutien.
3. Évacuez les émotions intenses.
4. Dites la vérité avec courtoisie et amour.
5. Faites un bilan.

Quand vous décidez avec qui vous souhaitez faire une mise au point, sachez que plus cette personne est proche de vous (conjoint ou membre de la famille), plus la conversation risque d'être ardue. En effet, c'est avec nos proches que nous entretenons habituellement les relations les plus chargées, en particulier lorsque nous avons réprimé certains sentiments pendant longtemps au lieu d'y faire face directement.

1. Précisez votre intention

Avant de faire part à une personne des limites que vous souhaitez établir, il importe au préalable de clarifier vos intentions. L'intention la plus souhaitable, lorsque nous faisons face à une conversation difficile avec une personne avec qui nous entretenons une relation saine, est d'accéder à une plus grande intimité avec cette personne – de soigner cette relation en disant la vérité. Voici ce que dit à ce propos mon ami Terrence Real, auteur de *How Can I get Through to You ?* : « Pour créer un lien plus profond et plus intime avec autrui, il faut apprendre la danse de l'harmonie, du désaccord et de la réparation. ».

Il n'est pas facile de dire la vérité, en particulier lorsque vous avez laissé pendant un certain temps l'autre personne se comporter d'une façon qui mine votre estime de vous-même. En permettant ce comportement, c'est comme si vous l'aviez excusé. Et toute volte-face de votre part ne manquera pas de surprendre la ou les personnes concernées.

Trop souvent, nous communiquons nos besoins indirectement, au moyen de sarcasmes ou de petites farces. Ma mère et moi avons dû faire face à ce type de problème dans notre relation. Quand j'étais jeune et que mon emploi du temps me laissait très peu de liberté, je ne rendais pas visite à ma mère aussi souvent qu'elle l'aurait voulu. Quand j'allais la voir, elle me faisait fréquemment des commentaires du genre : « Est-ce que tu comptes rester plus de cinq minutes ? ». Ces commentaires me blessaient beaucoup, en plus d'avoir pour effet d'entraîner un résultat diamétralement opposé à celui qui que ma mère souhaitait : ils m'enlevaient l'envie de la voir.

Quand j'ai finalement trouvé le courage de lui avouer l'effet que ces commentaires avaient sur moi, j'ai été surprise et profondément touchée par sa réponse. Elle s'est excusée, m'expliquant que sa propre mère s'était comportée exactement de la même manière avec elle. Troublées à l'idée de contribuer à perpétuer ce douteux héritage, nous avons pris l'engagement de cesser d'être sarcastiques l'une envers l'autre et de commencer à dire la vérité sur nos sentiments mutuels. Depuis ce jour, ma mère a tenu promesse, ce qui est tout à son honneur, et notre relation n'en est devenue que plus étroite. Aujourd'hui, ma seule contrariété est que je ne la vois pas assez souvent !

Même si votre intention est de réparer la relation que vous avez avec quelqu'un, n'oubliez jamais ceci : personne, quel que soit le rapport d'intimité en cause, n'a le droit de vous priver de votre pouvoir. Personne. Peu importe qu'il s'agisse de votre mère, de votre père, de votre fils, de votre fille ou d'un ami proche. Il n'existe aucune raison valable pour que quiconque obtienne de vous la permission de vous rabaisser, de vous manquer de respect, de dérober votre énergie ou de porter atteinte à votre précieuse estime de vous-même.

Soyez clair au sujet de votre intention. Désirez-vous un face-à-face avec cette personne simplement pour évacuer votre colère, prendre votre revanche ou la critiquer en retour ? Ou avez-vous plutôt l'intention de lui faire savoir à quel point elle vous a blessé et l'informer de la façon dont vous aimeriez que les choses changent ? La clarification de votre intention est une importante première étape.

2. Obtenez du soutien

Lorsque vous êtes enfin prêt à dire ce que vous pensez, à affirmer clairement ce que vous voulez et à exprimer vos besoins face à la personne concernée, le soutien indéfectible de votre partenaire ou de votre groupe « Reprenez votre vie en main » vous sera essentiel. Souvent, le soutien dont nous disposons lorsque nous effectuons une démarche délicate peut faire la différence entre la réussite et l'échec. Choisir de ne pas vous dérober en cas de conflit et d'affirmer clairement vos besoins signifient que vous devrez avoir des conversations difficiles. Or, l'une des conditions essentielles pour être capable de soutenir ces conversations est de pouvoir compter sur quelqu'un à qui vous pourrez vous confier avant et après. Ce type de soutien a le même effet qu'une personne qui vous aide à marcher quand vous vous sentez vaciller – et croyez-moi, vous vous sentirez souvent vaciller quand vous commencerez à vous affirmer. Au début, vous commettrez des erreurs, vous ferez des remarques blessantes et vous manquerez de tact et de courtoisie dans votre façon d'exprimer vos besoins aux autres. C'est là une phase normale de tout apprentissage. Il vous sera alors nécessaire d'être entouré de personnes bien intentionnées qui vous aideront à rectifier le tir et à faire face aux réactions inattendues des autres.

Brian, l'un de mes anciens clients, a pu constater les avantages inestimables d'un bon système de soutien. Associé fondateur d'un cabinet d'avocats, Brian savait que son entreprise avait un avenir plus que prometteur. Tous les signes d'une expansion possible et imminente se présentaient à lui avec évidence. Il jouissait d'une très haute cote de satisfaction auprès de ses clients, il était considéré comme un expert dans son domaine, le droit fiscal, et une importante revue était sur le point de publier un article de fond sur les réalisations de sa firme. Pour qu'il puisse se préparer à la forte période croissance qui s'annonçait, j'ai demandé à Brian d'imaginer les obstacles qu'il risquait de trouver en travers de son chemin vers la réussite (une question importante à considérer *avant* d'être au cœur de l'action). Brian m'a alors admis qu'il éprouvait certaines réserves à l'endroit de son adjointe exécutive.

Son adjointe travaillait avec lui depuis plus de dix ans et il s'en était toujours remis à elle pour la gestion du bureau.

Récemment, elle avait négligé d'importantes priorités et elle semblait avoir perdu l'énergie et l'enthousiasme des débuts. Brian lui avait fait remarquer ces lacunes à plusieurs reprises, sans qu'aucune amélioration s'ensuive. Mais il ne pouvait supporter l'idée de la congédier. Comme 85 % des dirigeants d'entreprise que j'ai conseillés au cours des quinze dernières années, Brian était prêt à tolérer une employée dont la compétence laissait à désirer, même si cela nuisait à son entreprise. Il était incapable de s'imaginer lui signifier son renvoi. Homme d'affaires respecté, confiant et intelligent, Brian perdait néanmoins littéralement toute contenance chaque fois que je lui soulignais la nécessité de congédier son assistante.

Je lui ai donc posé deux importantes questions. Premièrement : « Croyez-vous honnêtement, au fond de vous-même, que le fait de congédier votre assistante soit la bonne décision ? ». Deuxièmement : « Si vous disposiez d'un soutien et d'un plan adéquats ainsi que des mots qui vous permettraient de lui donner poliment et respectueusement son congé, le feriez-vous ? ». Comme Brian a répondu aux deux questions par l'affirmative, nous nous sommes immédiatement mis au travail.

Ensemble, Brian et moi avons élaboré un plan détaillant le type de soutien que j'allais lui procurer pendant la période critique de recherche d'une nouvelle assistante ou d'un nouvel assistant dont la compétence serait un atout pour l'expansion de son entreprise. Tout d'abord, j'ai demandé à Brian de tracer le profil de l'adjoint exécutif idéal. Puis, il a élaboré un plan d'indemnisation de départ qu'il considérait juste et équitable à l'intention de son assistante actuelle. Enfin, Brian a trouvé les mots qu'il allait employer pour lui dire la vérité avec respect et affection. Nous avons ensuite répété cette conversation jusqu'à ce qu'il se sente entièrement confortable et à l'aise.

Brian et moi avons également discuté de l'importance d'éviter de se perdre en explications lorsqu'il rencontrerait son adjointe pour lui annoncer son congédiement; il devrait plutôt se borner à dire la vérité, un peu comme ceci : « Cette conversation est très difficile pour moi. J'apprécie énormément tout ce que vous avez fait pour la firme au fil des ans. Jusqu'à tout récemment, les choses allaient à merveille, mais mes besoins ont changé et j'ai décidé d'engager une personne dont le profil convient mieux aux nouveaux objectifs de l'entreprise. ».

Même si l'assistante de Brian a été très surprise et bouleversée par cette décision, elle n'a ni crié ni pleuré (les deux choses qu'il craignait le plus). Ils ont plutôt discuté ensemble de la meilleure façon pour elle de quitter la firme dans la dignité. Après avoir accompli cette démarche, Brian a admis que sans soutien, il n'aurait jamais pu mener son plan à terme et les choses ne se seraient jamais si bien déroulées.

Souvenez-vous que lorsque vous faites les premières démarches dans le but de mieux vous affirmer, vous risquez d'être envahi par une sensation de grande fragilité, comme si vous alliez tomber en morceaux. Après une conversation difficile ou une réaction inattendue, le fait d'avoir un partenaire qui puisse vous épauler vous donnera l'occasion de consolider votre capacité de vous affirmer. Faites-vous cette faveur : donnez-vous la chance de bénéficier de ce type de soutien – vous le méritez !

3. Évacuez les émotions intenses

Le prochain pas important que vous aurez à faire afin de vous préparer à vous affirmer face aux autres consiste à exprimer vos sentiments en présence d'une personne en qui vous avez confiance. Avant de vous adresser à la personne concernée, vous devez évacuer toute émotion forte qui risque de vous empêcher de vous exprimer sur un ton posé ainsi que de façon polie et respectueuse. Il vous faudra donc avant tout laisser libre cours à ces émotions avec l'aide de votre partenaire. Si vous sautez cette étape, vous risquez d'endommager gravement une relation qui vous est chère.

Ma cliente Juanita était à bout de patience face à Maria, sa fille de dix-huit ans. Trois soirs de suite, Maria avait ignoré les directives de sa mère en rentrant beaucoup plus tard que l'heure permise. Quand j'ai parlé à Juanita, elle se sentait horriblement mal en raison de ce qui s'était produit quand Maria était rentrée la veille. Juanita était en colère et ne pouvait plus supporter le comportement de sa fille. Quand celle-ci est rentrée, à deux heures du matin, Juanita l'attendait de pied ferme. Une dispute a alors éclaté et, durant l'échange de cris, au comble de la colère, Juanita a jeté Maria hors de la maison.

Si votre intention est de prendre soin d'une relation, n'oubliez pas ceci : *lorsque l'une des personnes est sur la défensive, il ne peut y avoir de communication réelle*. En évacuant au préalable vos émotions, vous serez plus facilement en mesure de réparer la relation. Si vous n'avez pas de partenaire, vous pouvez exprimer ce que vous ressentez par écrit dans une lettre que vous n'enverrez jamais ou verbaliser tout haut vos sentiments dans la voiture ou devant le miroir de la salle de bain. Vous pourriez également faire une forme ou une autre d'exercice cardiovasculaire afin de vous défouler.

4. Dites la vérité avec courtoisie et amour

La prochaine étape consiste à trouver les mots que vous emploierez pour dire la vérité et de les répéter autant de fois que nécessaire. En rédigeant un texte au préalable et en le répétant jusqu'à ce que vous soyez à l'aise, vous aurez plus de facilité à communiquer vos sentiments et vos besoins avec respect et dignité, tant face à vous-même que face à la personne à qui vous vous adressez. L'élaboration de la formulation appropriée comporte trois étapes :

1. Reconnaissez l'importance de la relation (le cas échéant).
2. Commencez à parler en vous exprimant au « je ».
3. Demandez à ce que vos besoins soient remplis.

Pour entreprendre cette démarche, il importe de reconnaître et de clarifier la vérité. Pour ce faire, répondez à la question suivante :

Si vous pouviez dire tout ce que vous pensez sans conséquences ni ramifications négatives, que diriez vous à cette personne ?

N'essayez pas d'être « gentil » quand vous répondez à cette question. Bornez-vous à dire la vérité de façon directe, sans rien embellir. Une fois que vous avez une bonne idée de ce qu'est la vérité, vous serez capable de trouver des mots respectueux pour l'exprimer. Voyons concrètement ce que tout cela veut dire en reprenant certains des exemples précédents :

Exemple 1 : Les autres ne doivent pas...

– Raconter des blagues de mauvais goût ou racistes
en ma compagnie.

La première étape à franchir pour pouvoir dire à Joan que vous ne pouvez plus supporter ses blagues salaces, consiste à déterminer quelle est *votre* vérité; à partir de là, vous formulerez ensuite la réponse appropriée. Par exemple, cette vérité pourrait se présenter en ces termes : « Joan, je n'aime pas que tu m'envoies ces blagues ridicules par courrier électronique. Cela m'agace et me dégoûte. Chaque fois que j'en reçois une, j'ai envie de te téléphoner et de crier. Et c'est ce que j'aurais dû faire depuis belle lurette ! ». Quand vous cherchez à déterminer quelle est votre vérité, bornez-vous à l'exprimer sans vous préoccuper de la manière. Une fois cette vérité clarifiée, vous pourrez formuler les propos que vous adresserez à Joan de façon à ce qu'ils soient empreints de gentillesse et de sympathie.

Quand vous cherchez à formuler adéquatement vos propos, demandez l'aide de votre partenaire. Par exemple, votre groupe pourrait vous aider à trouver les mots pour dire à votre amie ce que vous pensez dans les termes suivants :

Joan, je voudrais être honnête avec toi à propos d'une chose qui me dérange depuis quelque temps, pour éviter que cette chose nuise à notre relation. J'ai une politique qui est de ne pas accepter de blagues de mauvais goût par courrier électronique. Je me rends compte que tu ne le savais pas, alors je voudrais tout simplement te demander de retirer mon adresse de courrier électronique de ta liste d'envoi. Merci beaucoup.

En vous exprimant de cette manière, vous reconnaissez qu'en ayant accepté jusque-là le comportement de Joan sans rien dire, vous lui avez en quelque sorte laissé croire qu'il ne vous posait aucun problème.

Voyons d'autres exemples :

– Déverser sur moi leur colère.

Une fois que vous avez évacué vos émotions et mis le doigt sur la vérité, vous pouvez dire :

Carol, je n'aime pas quand tu cries après moi. Si tu acceptes de baisser le ton, je suis prête à discuter de cette question avec toi. Sinon, je reviendrai lorsque tu te seras calmée.

– M'humilier devant les autres.

Jim (le patron), je sais que les inexactitudes que tu as trouvées dans mon rapport t'ont contrarié et j'en suis désolé. Toutefois, à l'avenir, j'aimerais discuter de ces questions en privé et non devant les autres.

Ce dernier exemple rend toujours les gens mal à l'aise. J'entends souvent des remarques comme « Vous ne comprenez pas, je ne peux pas me permettre de risquer de perdre mon emploi » ou « Si je disais ça à mon patron, il me congédierait sur-le-champ ». Je comprends que vous risquiez de perdre votre emploi en disant la vérité à votre patron, mais j'aimerais tout de même vous faire remarquer deux choses importantes : 1) si vous ne pouvez vous permettre *financièrement* de vous affirmer, c'est qu'il vous faut apporter des améliorations à votre situation financière; 2) il vous en coûte beaucoup plus de compromettre votre intégrité et votre estime de vous-même que n'importe quel emploi. Souvent, les patrons ne savent pas à quel point leur comportement est préjudiciable aux employés. Vous pourriez être surpris de voir à quelle vitesse le patron ou la patronne apporte des améliorations à son comportement à la suite de vos commentaires.

Exemple 2 : J'ai le droit de demander...

Ce type de limite concerne vos besoins. En exprimant clairement ce que vous voulez, vous donnez aux autres la chance de vous respecter et d'agir adéquatement avec vous, ce qui contribue à la santé générale de la relation que vous entretenez avec eux. Quand vous faites ce genre de demande, soyez simple et direct. Voici quelques exemples de ce que vous pourriez dire :

– Une nouvelle coiffure à un coiffeur fréquenté de longue date.

Jonathan, j'adore ta façon de me coiffer, mais j'ai, aujourd'hui, envie d'un changement. J'aimerais que nous discutions ensemble d'une nouvelle coiffure.

– Du temps pour moi-même.

Mike et Sally, maman a besoin de temps pour elle-même. Vous allez devoir jouer dans votre chambre pendant la prochaine demi-heure, car j'aimerais pouvoir faire un peu de lecture. Je vous demande de ne pas me déranger.

Une fois que vous avez fixé cette limite, ne les laissez PAS vous déranger – soyez ferme ! Avec les enfants, il vous faudra être tenace jusqu'à ce qu'ils apprennent à respecter vos limites. Ne vous découragez pas !

– Des renseignements plus précis de la part d'un professionnel de la santé.

Docteur Samuels, avant de partir, je souhaiterais que vous me donniez quelques explications supplémentaires concernant votre diagnostic. Je voudrais en savoir davantage sur les autres tests possibles et le nombre de cas semblables que vous avez traités par le passé. J'aimerais aussi que vous m'indiquiez où je pourrais trouver de l'information détaillée sur cette maladie.

Si vous avez reçu de mauvaises nouvelles, exigez toujours de revenir poser des questions au bout d'une courte période de temps. Vous pourriez faire cette demande comme suit : « Pourriez-vous demander à l'infirmière de me fixer un rendez-vous pour la semaine prochaine ? ». Si la réponse est non, trouvez-vous un autre médecin !

Exemple 3 : Pour préserver mon temps et mon énergie, je me donne la permission de...

– Retourner mes appels ou mes messages électroniques dans un délai d'une semaine (et non d'une journée).
– Désactiver la sonnerie du téléphone.
– Annuler ma participation à une activité bénévole.

Je sais maintenant par expérience que la plupart d'entre nous avons tout simplement besoin de nous donner la permission de nous accorder plus de temps, d'espace et d'énergie. Quand vous commencerez à établir les limites en vue de préserver votre temps et votre énergie, il vous faudra déterminer la façon de procéder qui est la plus appropriée dans votre situation particulière. Par exemple, si le type de travail que vous faites ne vous permet pas d'effectuer vos retours d'appels dans un délai allant jusqu'à une semaine, vous pouvez peut-être étendre ce délai d'un jour. Ou vous pouvez décider de désactiver la sonnerie de votre téléphone à 20 heures chaque soir, tandis qu'un de vos amis fait de même à 17 heures les jours de semaine. Vous devez décider des limites les plus adéquates pour votre famille et pour vous-même.

Si vous décidez d'annuler votre participation à une activité bénévole, voici comment vous pourriez vous y prendre :

Tom, je sais que j'ai accepté de diriger ta campagne de financement, mais après avoir examiné mon emploi du temps, je me rends compte que je serai dans l'impossibilité d'accorder à cette tâche toute l'attention qu'elle mérite. Je dois donc me retirer. J'aimerais toutefois t'aider à trouver un remplaçant d'ici la fin de la semaine prochaine.

Au début, il se peut que vous vous sentiez mal à l'aise d'établir de nouvelles limites. Mais comme pour l'apprentissage de n'importe quelle compétence, les choses deviendront de plus en plus faciles avec le temps. Souvenez-vous que lorsque vous établissez des limites, vous n'avez aucun pouvoir sur les réactions ou le comportement des autres. Tout ce que vous pouvez faire, c'est livrer votre message avec courtoisie et amour. Si vous demeurez fidèle à vous-même, tout le monde y gagnera au bout du compte.

Il y a encore quelques petites choses à retenir à propos de l'établissement de vos limites. Vous n'avez pas besoin de vous répandre en explications, de défendre ou de justifier votre position. Vos besoins sont toujours valides. Si vous êtes incapable de consacrer temps et attention à une activité bénévole, vous méritez de prendre soin de vous-même. Si vous êtes dans l'impossibilité de garder les enfants de votre sœur ce week-end parce que vous n'avez pas eu de week-end libre depuis six mois, vous devez faire honneur à votre besoin de repos. Ne cherchez pas à vous trouver des excuses. Soyez intègre et dites la vérité.

Commencez tout d'abord par établir des limites qui ne posent pas trop de problèmes, puis à mesure que vous deviendrez plus solide, attaquez-vous à celles qui présentent un plus grand défi. Chaque fois que vous fixez une limite, agissez en conséquence. En effet, si vous relâchez vos limites en cédant de nouveau aux pressions de votre entourage, cela revient à inviter les autres à ignorer vos besoins. Par exemple, si vous dites à Joan de ne plus vous envoyer de blagues de mauvais goût, il se peut qu'elle oublie cette demande. Vous devrez alors la lui rappeler. En fait, je suggère souvent à mes clients d'inclure ce rappel dans leur conversation originale avec la personne concernée. Si nous reprenons l'exemple de Joan, cela donnerait quelque chose comme ceci :

Joan, je voudrais être honnête avec toi à propos d'une chose qui me dérange depuis quelque temps, pour éviter que cette chose nuise à notre relation. J'ai une politique qui est de ne pas accepter de blagues de mauvais goût par courrier électronique. Je me rends compte que tu ne le savais pas, alors je voudrais tout simplement te demander de retirer mon adresse de courrier électronique de ta liste d'envoi. Au cas où, par inadvertance, tu oublierais cette demande, ne t'en fais pas. Je compte bien la réitérer si la situation se présente à nouveau. Merci beaucoup.

Voici d'autres exemples de façons de formuler une demande dans des situations courantes :

Grace, j'ai remarqué dernièrement que quand je reçois tes messages téléphoniques, j'hésite à te rappeler. Je me rends compte qu'en ta présence, je me sens drainée de mon énergie, car tu te plains constamment de la façon dont ton mari te traite. Je n'ai pas été honnête avec toi et ce n'est pas juste pour notre relation. Je veux que tu saches que je suis prête à te soutenir totalement dans toute démarche que tu choisiras d'entreprendre pour sauver ton mariage. Si tu veux que je t'aide à trouver des ressources en assistance-psychologique ou un livre qui pourrait s'avérer utile, j'accepterai sans hésiter de le faire. Mais je ne suis plus capable de t'écouter parler des problèmes que tu éprouves avec ton mari.

Soit dit en passant, il importe de souligner à partir des exemples ci-dessus que si nous laissons un ami ou un membre de la famille déverser sur nous leur anxiété et leur frustration, non seulement cela affecte-t-il notre bien-être physique et émotionnel, mais cela permet à ces personnes d'éviter de regarder leurs problèmes en face et de les régler. Malheureusement, bien des gens ont besoin de sombrer bien bas avant de prendre des mesures pour remédier à une situation difficile. Ne privez pas un être cher de la possibilité d'améliorer sa situation en la délestant temporairement de sa douleur.

Julia, j'ai comme politique de ne pas accepter d'appels téléphoniques à teneur personnelle pendant les heures de travail. Mais j'aimerais beaucoup te parler. Serait-il possible que nous nous rappelions demain soir ?

5. Faites un bilan

Quand vous décidez d'établir une limite délicate ou d'avoir une conversation qui vous rend nerveux, il importe d'avoir du soutien aussi bien qu'avant *après* ladite conversation. Par exemple, si vous devez annoncer à votre père que vous ne voulez plus travailler au sein de son entreprise, vous aurez par la suite besoin d'une personne avec qui vous pourrez faire un bilan et qui validera vos choix et vous aidera à reprendre pied. Le fait de savoir que vous pourrez après coup vous en remettre à une personne aimante et chaleureuse constitue souvent le coup de pouce qui vous donne le courage de faire face à une conversation difficile.

Passez à l'action ! Établissez votre limite intérieure

Il existe un dernier type de limite dont j'aimerais vous entretenir. Dans son livre *Facing Codependence*, Pia Mellody parle d'une « limite intérieure » – sorte de protection psychique qui vous empêche d'intérioriser les réponses et les réactions des autres. S'il est certain que vous pouvez établir des limites claires face aux personnes qui vous traitent de façon désagréable, il est tout aussi certain que certaines d'entre elles réagiront en vous critiquant et en portant des jugements à votre égard. Au lieu de vous laisser atteindre de plein fouet par ces critiques et ces jugements, vous pouvez décider, en ayant recours à une limite intérieure, de ce que vous acceptez et de ce que vous rejetez.

Une limite intérieure est comme un filtre que nous plaçons autour de nous afin de déterminer ce que nous ferons des jugements, des commentaires, des critiques ou des commentaires des autres. Par exemple, au travail, avant votre évaluation annuelle, il vous faudra mettre fermement en place cette limite intérieure, afin de prendre trois types de décisions : premièrement, quels sont les commentaires qui vous semblent pertinents; deuxièmement, quels sont ceux qui ne vous semblent pas pertinents; troisièmement, quels sont les commentaires qui nécessitent une réflexion de votre part. Cette limite intérieure vous préserve donc des remarques inappropriées venant d'autrui. Cela ne veut pas dire que vous vous coupez de vos sentiments, mais plutôt que vous vous protégez.

Il importe de faire la distinction entre l'établissement d'une limite intérieure et l'érection d'un mur. Quand vous érigez un mur autour de vous, vous vous coupez de la personne qui vous parle ainsi que de ses propos. En revanche, quand vous avez recours à une limite intérieure, vous vous intéressez à ce que dit votre interlocuteur, tout en vous protégeant de ce qui n'est pas vrai. Ainsi, la limite intérieure vous permet à la fois d'être en contact avec les autres et de vous protéger.

La prochaine fois que vous serez sur le point d'avoir une conversation qui vous intimide ou sur le point d'entrer en interaction avec une personne qui a le don de vous irriter, imaginez que votre cœur est protégé par une superbe enveloppe de verre. Placez votre main sur votre cœur et demandez le soutien de votre allié intérieur. Par exemple, vous pourriez vous dire ces mots : « Je sais que je possède tout ce qu'il faut pour avoir cette conversation en manifestant grâce et amour. Je suis une personne forte qui a bon cœur. Je vais rester calme et ouvert à ce que mon interlocuteur me dira et, au besoin, je lui demanderai du temps pour réfléchir à ses propos. ».

Utilisez cette enveloppe à titre de limite intérieure non seulement pour protéger votre âme, mais pour garder votre pouvoir.

Enfin, dans vos démarches visant à cesser de céder votre pouvoir aux autres, sachez qu'il vous arrivera *sûrement* de décevoir ou de blesser des gens en cours de route. Cela fait partie de la vie. Par exemple, si votre mère s'attend à ce que vous lui téléphoniez tous les jours et que vous décidez que vous n'êtes plus en mesure de soutenir ce rythme, il est possible qu'elle se sente blessée quand vous lui annoncerez la nouvelle. Vous pourrez établir une limite tout en respectant la sensibilité de votre mère en vous adressant à elle en ces termes : « *Maman, mon horaire ne me permet plus de te parler tous les jours. Je travaille très fort au bureau et quand je rentre à la maison, j'ai besoin de temps pour moi-même. Je sais que ce changement pourra te sembler bizarre au début, alors peut-être pourrions-nous effectuer une transition en se téléphonant une ou deux fois par semaine.* ». Votre responsabilité se résume à une seule chose : dire la *vérité* avec grâce et amour.

Maintenant, à vous de jouer…

Passez à l'action ! Établissez une limite

La personne face à qui je dois établir une limite est :

Mon intention est la suivante :

La personne qui m'apportera du soutien dans le cadre de ce processus est :

Pour évacuer mes émotions, j'ai l'intention de :

La vérité toute crue est la suivante :

Je dirai la vérité avec courtoisie et amour en employant les termes suivants :

J'aurai cette conversation à la date suivante :

À mesure que vous progresserez dans la réalisation du présent programme, gardez ce qui suit à l'esprit :

– Chaque fois que vous omettez de demander clairement ce dont vous avez besoin ou de dire ce que vous pensez à une

personne qui vous traite mal, vous compromettez votre confiance en vous et votre estime de vous-même.
– Le corps ne ment jamais; il vous aidera toujours à déterminer quand il est temps de faire une mise au point.
– En établissant de solides limites, vous deviendrez plus disponibles aux autres.
– Si vous êtes incapable d'établir et de maintenir des limites fermes, vous aurez toujours peur d'affronter les responsabilités accrues qui vont de pair avec la réussite.

Ressources

Livres

How Can I Get Through to You?, par Terrence Real (Gill and Macmillan, 2002).

L'auteur propose des outils pouvant se révéler utiles à tous les thérapeutes et à tous les clients dans la création d'une vision nouvelle et radicale de l'amour.

Facing Codependence: What It Is, Where It Comes From, How It Sabotages Our Lives, par Pia Mellody (Harper, 1989).

Pia Mellody est une pionnière et une autorité en matière de codépendance. Ce livre permet de comprendre clairement comment les personnes qui grandissent dans des environnements dysfonctionnels en viennent à placer les besoins des autres avant les leurs.

CHAPITRE CINQ

Musclez votre courage

QUAND J'ÉTAIS JEUNE, J'ÉTAIS MALADIVEMENT timide. Je me maquillais peu, je portais des vêtements plutôt discrets et j'évitais à tout prix d'attirer l'attention. Le mot « courage » ne faisait pas partie de mon vocabulaire. À la fin de la vingtaine, tout cela a brusquement changé lorsque j'ai été conviée à une activité qui allait modifier le cours de ma vie.

Mon amie Suzanne m'a invitée à une rencontre des *Toastmasters* (un club international d'art oratoire), car elle donnait ce soir-là une présentation. Pendant toute la soirée, je suis demeurée tranquillement assise à l'arrière de la salle à écouter Suzanne, de même que d'autres membres du club, faire leur exposé. À la fin de le rencontre, on m'a invitée à revenir. Impressionnée par le courage du groupe et le soutien mutuel que ses membres s'apportaient, j'ai immédiatement accepté l'invitation.

Au bout de plusieurs rencontres, le directeur, Dick Skinner, m'a demandé de préparer pour la réunion suivante un petit exposé de cinq minutes, histoire de briser la glace et de me présenter au groupe. J'ai soudain été prise de panique. J'aimais bien regarder les autres parler, mais j'étais plus que terrifiée à l'idée de m'exprimer devant le groupe. Mais en même temps, une partie de moi aspirait à accepter ce défi. Un sentiment d'enthousiasme commençait à émerger en moi à l'idée d'accomplir une chose aussi audacieuse. J'ai donc accepté.

Pendant la semaine qui a suivi, j'ai commencé à réfléchir à ma présentation. Chaque fois que j'y pensais, mes mains devenaient moites, mon cœur se mettait à débattre et ma gorge s'asséchait. Je ne pouvais me faire à l'idée que j'allais parler de moi devant tout un groupe de personnes. Quand je faisais part de mes craintes à Suzanne, elle me suggérait de procéder par petites étapes et de coucher sur papier quelques notes sur ce que je *pourrais* dire dans l'éventualité où je décidais de présenter l'exposé. J'ai alors passé la journée suivante à écrire sur ma vie personnelle et professionnelle. Au bout de huit pages, je me suis arrêtée, jugeant que j'avais suffisamment de contenu.

À mesure qu'approchait le grand jour, ma nervosité s'accentuait. N'y pouvant plus, j'ai téléphoné à Suzanne pour lui annoncer ma décision de ne pas faire la présentation, en lui demandant de bien vouloir remercier de ma part les membres du groupe de leur invitation. Mais Suzanne ne l'entendait pas ainsi. Si je ne voulais pas faire mon exposé, je devrais à tout le moins me présenter à la rencontre, le groupe ayant de toute façon comme politique de ne faire aucune pression sur quiconque. Mon amie m'a suggéré de ne pas me dérober et de venir moi-même dire aux membres la vérité : je n'étais pas encore prête.

Cet appel à mon intégrité a fait son effet et j'ai accepté malgré mes hésitations. Le matin de la rencontre, j'ai constaté à mon réveil que j'avais une laryngite. Grâce à Dieu (et à mes notes savamment dissimulées dans mon sac à main), j'ai trouvé la force de me rendre.

Au début de la rencontre, Dick m'a demandé si j'étais prête à faire ma présentation. J'ai alors répondu que j'avais une laryngite et que j'étais trop nerveuse pour parler. Conformément à la politique du groupe, Dick a accepté ma décision sans discuter, passant immédiatement à l'orateur suivant. Alors que les autres livraient leurs exposés, un sentiment de tristesse m'a envahie. Tout au fond de moi, une petite voix m'exhortait à changer d'avis, s'enhardissant à mesure que les membres se succédaient au micro. Vers la fin de la rencontre, Dick m'a de nouveau demandé si je voulais tenter ma chance. Sans même réfléchir, j'ai répondu oui, malgré ma laryngite.

Le trajet entre mon siège et l'estrade fut l'un des plus longs que j'aie eus à parcourir au cours de ma courte vie. Je pouvais entendre mon critique intérieur condamner ma décision : « Comment as-tu pu accepter de faire ça ? Qu'est-ce que tu crois ? Regarde tous ces gens qui *te* fixent du regard ! Tu es sur le point de te rendre complètement ridicule ! ».

Quand je suis arrivée sur l'estrade, je me suis rendu compte que j'avais oublié mes notes dans mon sac. Trop mal à l'aise pour retourner les chercher, j'ai ouvert la bouche pour parler. Mais aucun son ne s'est fait entendre : je n'avais plus de voix. J'ai essayé de nouveau et, un à un, tous les membres de l'auditoire se sont mis à sourire en hochant la tête en ma direction. Je me suis alors détendue et j'ai essayé de nouveau. Cette fois, j'ai réussi à prononcer quelques mots, puis sans même que je m'en aperçoive, j'avais le vent dans les voiles. Je me souviens encore aujourd'hui de la sensation de mes lèvres qui collaient à mes dents. Ne me demandez pas de vous répéter ce que j'ai dit, car je n'en ai aucun souvenir, mais je peux vous dire comment je me sentais quand je suis retournée m'asseoir pour écouter les remarques de mon évaluatrice : j'étais dans un état du pur bonheur.

Mon évaluatrice, Helen Chen (je n'ai pas oublié son nom), m'a fait quelques remarques constructives au sujet de mon exposé, et croyez-moi, je savais qu'elle faisait tout pour m'encourager. Elle m'a dit des choses comme : « Vous avez un talent naturel », « Vous regardez les gens de façon très engageante » et « Votre voix est très réconfortante ». Assise sur mon siège, les genoux tremblants et le cœur battant, j'écoutais attentivement. Ce jour là, quand j'ai quitté la rencontre, quelque chose en moi avait changé. Dorénavant, j'avais une plus grande confiance en moi et moins tendance à surveiller mes moindres mouvements et j'étais capable de regarder les gens en face. Pour la première fois, j'éprouvais la sensation de pouvoir que procurait le fait de surmonter la peur. J'avais commencé à muscler mon courage.

Quand je repense à ma vie, je comprends à quel point cette rencontre des *Toastmasters* a constitué le début de ma liberté. L'amour, le soutien et l'encouragement que m'ont alors procuré les membres du groupe ont ouvert une porte à l'intérieur de moi, une sorte de passage vers l'existence qui est la mienne aujourd'hui. Dissimulé derrière ma peur se trouvait un don caché, qui m'a permis depuis de réaliser ma vocation. J'imagine souvent à quel point ma vie aurait été différente si je n'avais pas osé faire face à ma peur. Depuis cette rencontre, il y a bien des années, j'ai eu l'occasion d'affronter quelques-unes de mes plus grandes peurs, comme le décès d'un être cher, la fin d'une importante relation et des problèmes de santé. Toutes ces circonstances figurent parmi les plus grands cadeaux que la vie m'ait faits, car elles m'ont permis de consolider ma foi et mon courage – ce qui a été pour moi un excellent atout.

En quoi vos peurs limitent-elles votre vie ? Quelles sont les choses que vous ne faites pas et que vous aimeriez vraiment accomplir ? Quand vous utilisez la peur à votre avantage en osant vous lancer dans des aventures qui vous attirent et vous enthousiasment, la peur devient une alliée. Chaque expérience constitue alors un défi ainsi qu'une occasion d'élargir votre zone de confort. Pour vous créer une vie extraordinaire, il vous faut utiliser judicieusement le défi que représente la peur en musclant votre courage.

Utilisez la peur à votre avantage

Dans le présent chapitre, j'aimerais vous montrer comment utiliser la peur comme un outil afin de bâtir votre courage. Vous avez déjà commencé à muscler votre courage. En effet, la décision de faire de votre croissance personnelle une priorité en laissant rayonner votre pouvoir et en osant vous affirmer constitue un acte de courage. Il est maintenant temps de faire consciemment usage de vos peurs afin de générer en vous encore plus de courage et de confiance. En développant ces muscles, vous deviendrez une personne qui cherche naturellement à affronter ses peurs au lieu de tout faire pour les éviter.

Avant de commencer, permettez-moi de vous dire ce que le présent chapitre n'est *pas*. Quand je parle de muscler votre courage, je ne veux pas dire que vous devriez faire du saut en bungee ou vous élancer d'un avion muni d'un parachute. Si ces activités exigent bel et bien d'avoir énormément de cœur au ventre, et qu'elles contribueraient sans l'ombre d'un doute à muscler votre courage, j'aimerais que vous pensiez encore plus grand. Ce que je vous demande, c'est de dire oui à la vie ! Je vous demande de faire des pas (petits ou grands) qui vous rapprocheront de la personne que vous aspirez à être. Je voudrais que vous vous habituiez à affronter vos peurs, de façon à éviter de vivre une existence empreinte de médiocrité et à vous forger une vie qui fait honneur à vos valeurs et à votre vocation la plus fondamentale.

En quoi la peur vous sera-t-elle utile ? Elle vous gardera en éveil et vous avertira des dangers potentiels. Elle vous aidera à vous concentrer et à distinguer le vrai du faux. Elle peut vous stimuler, vous motiver et vous inciter à passer à l'action. Par exemple, vous est-il jamais arrivé de faire une présentation au travail ou de passer un examen et de vous sentir par la suite si débordant d'énergie et de force que vous étiez prêt à relever n'importe quel défi ? Quand vous apprivoisez la peur et que vous sortez de votre zone de confort, vous repoussez les limites de cette zone. C'est alors que les choses qui auparavant vous effrayaient ou vous semblaient hors de portée, deviennent possibles.

Le fait d'affronter vos peurs renforce votre confiance en vous et votre force émotionnelle, celle-là même qui vous permet de faire votre marque dans la vie. Plus vous vous familiariserez avec la peur, plus votre confiance en vous-même s'accroîtra. Trop souvent, nous nous empêchons de faire des pas importants qui amélioreraient notre qualité de vie, dans l'espoir que notre peur disparaisse d'elle-même. Par exemple, il se peut que vous hésitiez à changer de carrière parce que vous craignez que votre nouveau travail ne soit pas aussi lucratif ou de ne pas réussir aussi bien en faisant un métier que vous adorez. Vous conservez alors votre emploi actuel, comme si vous alliez un beau matin vous réveiller habité comme par miracle du courage d'essayer quelque chose de nouveau. Si vous attendez que votre peur s'évapore ou disparaisse, croyez-moi, il faudra vous armer de patience. Toutes les choses qui valent la peine d'être accomplies dans la vie suscitent un sentiment de peur, qu'il s'agisse de parler à une personne inconnue, de faire une présentation publique ou de mettre fin à une relation qui vous fait du tort.

Passez à l'action ! Déterminez quelles sont vos peurs

Examinons maintenant certaines des choses qui vous empêchent de faire ce à quoi vous aspirez. Dans votre journal, dressez une liste de six éléments qui vous viennent immédiatement à l'esprit :

1. J'ai peur de
2. J'ai peur de
3. J'ai peur de
4. J'ai peur de
5. J'ai peur de
6. J'ai peur de

Que vous en coûte-t-il d'éviter d'affronter la peur ?

En évitant d'affronter la peur, vous vous privez des riches expériences qui font que la vie vaut la peine d'être vécue. Par exemple, par peur de prendre l'avion, bien des gens qui rêvent de voir l'Europe ou d'emmener leurs enfants à Disneyland ne le feront jamais. Si vous craignez d'essuyer un refus en invitant une personne à dîner ou de faire face à la solitude en décidant de déménager à l'autre bout du pays dans un endroit où vous avez toujours rêvé d'habiter, le prix que vous aurez à payer si vous ne réalisez pas ces envies, sera beaucoup plus élevé. Au fil du temps, à mesure que nous cédons à des peurs comme celles-là, notre univers se rétrécit. Puis les années passent et nous finissons par être accablés de regrets. En fait, j'ai déjà pu constater la corrélation directe entre une vie non vécue et l'appréhension éprouvée à l'approche des anniversaires ou d'autres moments pivots comme le nouvel An. *Pour toute personne qui ne dit pas « oui » à la vie en bravant la peur, le passage du temps est une source d'angoisse.*

En plus de vous priver de tout ce que la vie peut offrir, la peur vous draine de votre énergie et de votre pouvoir. Quand vous vous empêchez de faire une démarche enrichissante, le simple fait de vous retenir exige de vous plus d'énergie que d'affronter vos peurs et de passer à l'action. Par exemple, si vous avez un symptôme physique qui vous inquiète et que vous ne cessez de remettre à plus tard votre visite chez le médecin, chaque jour de délai vous draine un peu plus de votre énergie, que vous en soyez conscient ou non. Si votre mariage vous semble exsangue, plus vous attendez pour chercher à comprendre ce qui ne va pas, plus vous vous videz de votre pouvoir. Et plus vous laissez votre pouvoir et votre énergie s'appauvrir, moins vous êtes susceptible de passer à l'action, parce que votre capacité à le faire s'amenuise.

Passez à l'action ! Ouvrez-vous aux enseignements de la peur

En quoi votre vie changerait-elle si vous utilisiez la peur comme une alliée ? Quels sont les avantages de faire face à vos peurs ? La première chose à faire pour muscler votre courage est de vous aménager une marge de manœuvre. Dans votre journal, répondez aux questions suivantes :

– Quels changements feriez-vous dans votre vie si vous n'aviez pas peur ? Qu'accompliriez-vous ? Où iriez-vous ? Qui voudriez-vous avoir à vos côtés ?

– Imaginez-vous à la fin de votre vie. Quel serait votre plus grand regret, la chose que vous auriez dû faire et n'avez pas faite ?

– Quels seraient les avantages pour vous (de même que pour votre vie) d'une plus grande capacité en matière de courage ?

– Quelles autres choses seriez-vous en mesure de faire si vous affrontiez certaines de vos peurs ?

– Certains éléments de votre liste suscitent-ils en vous un mélange d'excitation et de peur ?

J'ai à vous proposer un test qui, telle une épreuve au papier tournesol, permet de déterminer s'il faut ou non aller de l'avant en dépit de ses peurs. J'ai constaté que la plupart du temps, lorsque mes clients réfléchissent à une situation donnée, le mélange de peur et d'enthousiasme équivaut à un feu vert. En effet, cette combinaison de sentiments signale habituellement la présence d'une occasion en or, pour le client, de progresser dans la vie.

En revanche, la peur constitue parfois un bon indicateur de vos limites. J'ai appris cette précieuse leçon auprès d'une femme du nom de Katherine. Celle-ci avait décidé de participer à un exercice de saut dans le vide avec un groupe d'amis. Les participants devaient grimper au sommet d'un poteau d'environ huit mètres, se tenir debout sur une étroite plate-forme en forme de disque, puis redescendre en se laissant guider par leurs coéquipiers. Katherine a entrepris l'ascension du poteau, mais arrivée près du sommet, elle s'est sentie paralysée par la peur et n'a pas pu se tenir sur la plate-forme. Elle est alors redescendue, à la fois découragée et soulagée. À la fin de l'exercice, après que tout le monde eut réussi à se rendre au sommet, Katherine a décidé d'essayer de nouveau. Elle voulait à tout prix prendre part au succès de l'équipe. Cette fois, elle a réussi à atteindre le sommet, mais elle s'est encore une fois sentie terrorisée ; aidée par les encouragements du groupe, elle a fini par se mettre debout sur la plate-forme.

Quand nous avons fait le bilan de l'événement, Katherine m'a avoué être en colère contre elle-même pour avoir escaladé le poteau une seconde fois. La terreur qu'elle avait ressentie au sommet avait été terrible, et elle s'est rendu compte qu'elle aurait dû écouter sa voix intérieure, qui l'enjoignait de rester sur la terre ferme. Katherine a compris que dans cette situation, sa peur essayait de lui dire de prendre un plus grand soin d'elle-même.

La capacité de faire face à ses peurs comporte d'autres avantages. Souvent, le fait d'affronter un type de peur ouvre de façon inattendue la porte du succès dans d'autres domaines de la vie. C'est ce que mon client Cameron a pu constater d'une éloquente façon lorsqu'il a compris le lien entre sa peur de prendre l'avion et la stagnation de sa carrière.

C'est au début de la vingtaine que Cameron avait pris l'avion pour la première fois ; en vacances pour une semaine, il s'était alors rendu avec deux de ses frères dans les Caraïbes.

Durant le vol de retour, l'avion avait traversé un orage intense et les pilotes, incapables de contourner la zone de dépression, avaient demandé aux passagers de se préparer à d'importantes turbulences. Secoué dans tous les sens, l'avion a même chuté de 150 mètres d'un coup. Terrifié, Cameron avait la certitude que sa dernière heure était venue.

Ce vol avait été pour Cameron une expérience si traumatisante que pendant de nombreuses années, il s'était trouvé dans l'incapacité de remettre les pieds dans un avion. Au moment où nous avons commencé à travailler ensemble, je n'étais pas encore au courant de cet épisode de la vie de mon client. En effet, c'est pour trouver des moyens de progresser dans sa carrière que Cameron avait fait appel à un coach.

Cameron travaillait dans le domaine de la vente, au sein d'une entreprise de haute technologie. Il adorait son métier, mais désirait augmenter son revenu et même obtenir un jour un poste de cadre supérieur. Quand je lui ai demandé ce qui l'empêchait d'atteindre ces objectifs, voici ce qu'il m'a répondu : « Je l'ignore totalement. Chaque fois que mes ventes se mettent à augmenter, quelque chose vient se mettre en travers de mon chemin. ».

Au cours des trois mois suivants, Cameron s'est employé à augmenter son rendement et ainsi que sa visibilité au sein de l'entreprise. Mais encore là, chaque fois qu'il était sur le point d'accéder au niveau supérieur, quelque chose entravait sa progression. Par exemple, un matin où il était censé faire une importante présentation à son patron, sa voiture est tombée en panne et il est arrivé deux heures en retard au bureau. Puis, après avoir travaillé d'arrache-pied pendant six mois pour décrocher un contrat avec un nouveau client, ledit client potentiel a fait l'objet d'articles défavorables dans la presse et vu le prix de ses actions dégringoler du jour au lendemain. La signature du contrat a, par conséquent, été remise à une date ultérieure.

Un jour, en arrivant à notre séance de coaching, Cameron tenait absolument à me raconter le rêve qu'il avait eu la nuit précédente. Dans ce rêve, il prenait l'avion pour se rendre à une conférence de vendeurs, où il devait faire une présentation sur l'art de faire échec aux objections des clients. Lors du décollage, l'avion s'est emmêlé dans des fils électriques. Suspendu entre ciel et terre, Cameron s'est brusquement réveillé.

Si Cameron tenait tellement à me faire part de ce rêve, c'est qu'il avait à l'intérieur de lui-même la vague certitude qu'il existait un lien entre sa peur de prendre l'avion et l'état de sa carrière. Sur la foi de son guide intérieur, qui l'orientait ainsi dans la bonne direction, j'ai envoyé Cameron consulter un professionnel qui se spécialisait dans le traitement des peurs et des phobies au moyen d'une nouvelle technique à action rapide appelée « libération émotionnelle ». Au bout de deux séances avec ce spécialiste, Cameron a saisi le lien.

Le symbolisme du vol et du décollage était en effet directement lié à sa peur du succès. Il a découvert qu'inconsciemment, il craignait les exigences en matière de déplacements qui étaient susceptibles d'aller de pair avec un poste de gestion. Cameron a compris que s'il voulait poursuivre une carrière dans le domaine de la vente (métier qu'il adorait), il serait tôt ou tard dans l'obligation de prendre l'avion. Il devait donc affronter sa peur de voler afin de dénouer cette impasse.

Après avoir suivi une série de séances avec le spécialiste des phobies et lu un excellent livre sur les moyens de surmonter sa peur de voler, Cameron était enfin prêt à prendre l'avion. Heureusement, son premier vol s'est déroulé sans anicroches. En affrontant sa peur au moyen d'un bon système de soutien et d'une préparation adéquate, Cameron a acquis une bonne dose de courage, ce qui grandement avantagé sa carrière. Un an plus tard, grâce à un travail acharné et à un engagement de tous les instants, il a enfin été promu au poste de directeur commercial.

Que vous ayez peur de prendre l'avion ou de vous inscrire à un cours de traitement de texte, c'est du pareil au même. Ce qui fait peur à une personne peut être considéré comme une sinécure par une autre. La seule façon de relever le défi de la peur est de s'acharner. Allons-y !

Passez à l'action ! Musclez votre courage

Pour commencer à muscler votre courage, vous avez avantage à créer les conditions de votre réussite. Tout acte de courage peut être facilité grâce à une inspiration et une préparation adéquates. Pour ce faire, vous aurez besoin de trois choses :

1. Du soutien
2. Vous remettre à l'esprit vos réussites antérieures
3. Un talisman de courage

Comme vous l'avez déjà appris, il est essentiel d'avoir une personne en qui vous pouvez vous confier tant avant qu'après une démarche difficile. De cette façon, quelle que soit la tournure des événements, vous pouvez en tout temps faire appel à un ami qui vous veut du bien. Il y a plusieurs façons d'utiliser le soutien des autres. Par exemple, si vous devez faire une présentation, vous pouvez demander à des amis de vous écouter répéter votre exposé et de vous faire des commentaires. Si vous devez présenter des excuses à une personne que vous avez blessée, arrangez-vous pour pouvoir parler à un ami une fois que vous aurez eu cette délicate conversation. Ou si vous êtes nerveux à la veille de votre premier voyage à l'étranger, parlez à une personne qui a déjà visité l'endroit où vous vous rendez pour savoir un peu mieux à quoi vous attendre.

L'autre élément permettant de mettre en place les conditions de votre réussite consiste à créer un rappel personnel de vos forces et de votre capacité à surmonter l'épreuve à laquelle vous faites face. Dans votre journal, inscrivez ce qui suit :

Voici trois défis que j'ai relevés avec succès par le passé :

1.
2.
3.

Quand j'ai demandé à ma cliente Morgan de faire cet exercice, elle a choisi les trois situations suivantes :

Mon divorce.
Mon retour à l'université afin d'obtenir mon diplôme.
La façon dont j'ai repris le dessus quand les enfants ont quitté la maison.

Puis, je lui ai posé les trois questions suivantes :

1. Quelles sont les qualités qui vous ont permis de relever ces défis ?
2. En quoi avez-vous fait preuve de débrouillardise ?
3. Qu'avez-vous appris de ces expériences qui pourrait vous être utile maintenant ?

Voici ce que Morgan a écrit en réponse à ces questions :

Dans chacune de ces situations, je m'en suis remise à ma patience et à ma capacité à persévérer dans les périodes de stress intense. J'ai un solide caractère et je suis très déterminée. Quand je décide de faire quelque chose, je sais que je vais aller jusqu'au bout. J'ai assez de jugeote pour faire appel à mes amis quand j'ai un problème, au lieu d'évacuer ma frustration à tort et à travers et de blesser quelqu'un inutilement. Ces qualités m'ont énormément aidée lors de mon divorce et lorsque mes deux enfants ont quitté la maison. Le fait d'avoir élevé deux enfants m'a rendue plus débrouillarde et organisée. Quand je me fixe un but, comme l'obtention d'un diplôme, je suis capable de décomposer mon projet en plusieurs étapes simples et de trouver l'aide dont j'ai besoin pour procéder méthodiquement et réaliser mon objectif. J'ai appris que je pouvais accomplir n'importe quoi si j'établissais un plan au préalable, ainsi qu'ave l'aide de bons amis et en croyant en moi-même.

Cet exercice a permis à Morgan de rédiger une description lui rappelant ses forces et ses aptitudes. En marquant cette page dans son journal, elle a pu s'y référer au besoin quand il lui arrivait d'avoir peur et de douter de ses capacités.

Retournez maintenant aux trois défis que vous avez notés plus haut et répondez aux questions suivantes dans votre journal :

1. Quelles sont les qualités qui vous ont permis de relever ces défis ?
2. En quoi avez-vous fait preuve de débrouillardise ?
3. Qu'avez-vous appris de ces expériences qui pourrait vous être utile maintenant ?

Marquez ces pages dans votre journal de manière à pouvoir vous y reporter facilement chaque fois que vous aurez besoin de soutien.

Finalement, pour vous préparer adéquatement à muscler votre courage, j'aimerais que vous vous trouviez un symbole – une sorte de talisman. Mon ami Nathan utilise une statuette représentant le lion du *Magicien d'Oz*. Ma copine Michelle, quant à elle, a recours à une formule particulière, « zéro peur », quand elle a besoin de se rappeler ses forces et son courage. Une année, quand j'ai pris consciemment la décision de muscler mon courage, j'ai suspendu la citation suivante de la peintre Georgia O'Keeffe au mur de mon bureau afin de consolider mon engagement à aller de l'avant en dépit de mes peurs :

Chaque jour de ma vie, je me suis sentie terrifiée, sans que cela m'empêche de faire tout ce que j'ai voulu.

Et vous, qu'utiliserez-vous pour vous rassurer et vous encourager ?

N'oubliez pas que lorsque vous décidez d'entreprendre une démarche bien planifiée en bravant vos peurs, vous faites le plein d'énergie. L'enthousiasme que vous procurera l'accomplissement d'une action contribuant à améliorer votre vie alimentera vos efforts. Voici les règles à suivre :

– Vous devez choisir une action dans chacune des sept catégories ci-dessous.

– Votre partenaire ou votre groupe « Reprenez votre vie en main » doit prendre connaissance de vos choix pour déterminer s'ils constituent un défi à votre mesure. Si vous fonctionnez seul, assurez-vous de vous pousser au-delà de votre zone de confort !

– Vous devez réaliser chacune des sept actions dans un délai de trente jours (si vous choisissez une action à long terme, comme un déménagement, il vous faut à tout le moins entamer les démarches à l'intérieur de ladite période de trente jours).

Il existe sept catégories à partir desquelles vous pouvez faire vos choix. Lisez les exemples, puis choisissez une action à accomplir dans chaque catégorie. Si les exemples ne s'appliquent pas à votre situation, formulez votre propre action, que vous ajouterez à la liste à l'endroit approprié.

Une fois que vous aurez choisi vos sept actions à accomplir, vous devrez en discuter avec votre partenaire ou votre groupe « Reprenez votre vie en main ». Pour vous assurer d'aller au-delà de votre zone de confort, demandez à votre partenaire ou à votre groupe de soutien de vous relancer (à partir de ce qu'ils connaissent de vous) en ajoutant à votre liste des éléments dc difficulté ou des éléments entièrement nouveaux. Par exemple, si vous décidez d'enfin oser lire vos poèmes à vos amis, votre partenaire ou votre groupe pourrait vous suggérer de faire plutôt une lecture publique dans le cadre d'une soirée de poésie amateur à micro ouvert.

N'oubliez jamais que personne n'est là pour vous juger. Les actions choisies par certaines personnes peuvent sembler faciles à d'autres. Par exemple, si vous avez une personnalité extravertie, le fait de pénétrer dans une pièce remplie de gens et de vous présenter peut vous sembler facile. Mais pour une personne timide, cette action peut faire figure de véritable accomplissement. L'important est de choisir des projets qui vous forcent à déborder de *votre* zone de confort.

Le jeu « affronte ta peur »

Voici les sept catégories :

1. Réaliser un rêve secret
2. Se distinguer du lot
3. Dire la vérité
4. Faire preuve d'audace
5. Faire face à une peur d'ordre physique
6. Faire face à une peur d'ordre professionnel
7. Faire face à une peur d'ordre financier

1. Réaliser un rêve secret

Pendant de nombreuses années, j'ai secrètement caressé le rêve de faire de la danse. J'adorais regarder des artistes comme Michael Jackson réaliser leurs prouesses sur scène. Quand j'écoutais de la musique dans ma voiture, j'imaginais souvent en même temps une série de pas de danse. J'ai gardé ce rêve secret, sous prétexte que j'étais déjà trop vieille pour devenir danseuse professionnelle. Mais à l'âge de trente et un ans, je me suis inscrite à un cours de « danse-exercice » qui m'a permis de réaliser mon rêve.

L'atelier était enseigné par un extraordinaire jeune homme du nom de Carleton Jones, danseur qui s'était produit sur Broadway et qui avait fait partie des spectacles de Janet Jackson et de Paula Abdul. Lors du premier cours, la voix de ma peur s'est élevée, me répétant que j'avais largement dépassé l'âge de danser. D'une durée d'une heure trente, le cours était très exigeant. Un soir, Carleton a annoncé que la Dance Company, dont il faisait partie, préparait son spectacle annuel à Boston et qu'il était chargé de chorégraphier la partie funk du spectacle. Il a par la suite demandé à toutes les personnes qui désiraient faire partie de la production de donner leur nom; les répétitions allaient durer trois mois. En entendant ces paroles, un frisson d'excitation m'a parcouru tout le corps, puis je me suis sentie envahie par la peur. Comme j'avais déjà pris l'habitude de réagir à cette combinaison d'émotions en passant à l'action, j'ai immédiatement décidé de participer au spectacle.

Au début, j'étouffais d'anxiété avant chaque répétition. Mais au bout d'un mois, j'ai commencé à me détendre et à prendre plaisir au processus, car j'étais bel et bien en train de réaliser un rêve important. Quand je repense au soir du spectacle, je souris en me rappelant mon état de surexcitation et la joie que j'éprouvais à danser avec un si merveilleux groupe de personnes.

C'est maintenant à vous de jouer. À quoi rêvez-vous ? Voici quelques possibilités d'action :

Planifiez un voyage à un endroit que vous avez toujours rêvé de visiter.
Passez une audition pour faire partie d'une production théâtrale.
Présentez-vous à des élections.
Participez à un camp sportif.
Écrivez un livre.
Apprenez à voler ou à naviguer à voile.
Apprenez à peindre, à sculpter ou à dessiner.
Participez à une exposition artistique.

Créez votre propre site Web.
Chantez devant un public (par exemple, lors d'une soirée karaoke).

Votre choix :

2. Se distinguer du lot

Que pourriez-vous faire afin de vous détacher du troupeau ? Trop d'entre nous avons appris à nous fondre dans le décor ainsi qu'à nous plier aux attentes et aux désirs d'autrui. Si vous voulez être un leader, vous allez devoir apprendre à sortir du rang sans que cela ne vous rende mal à l'aise. Ma cliente Jennifer n'a pu dissimuler sa surprise en m'entendant lui suggérer d'apprendre à se distinguer au moyen d'une première étape toute simple : porter une nouvelle couleur de vernis à ongles – bleu métallique. Reconnue auprès de ses amis comme une personne conservatrice dans sa façon de se présenter, Jennifer ne portait que du vernis à ongles rose pâle ou transparent. Cette suggestion pouvait sembler étrange, mais elle constituait en fait pour ma cliente une façon sécuritaire et agréable de s'habituer à faire quelque chose de différent et d'un peu risqué.

Que ferez-vous pour vous distinguer de la foule ? Choisissez parmi les actions suivantes :

Changer votre coiffure.
Aller dîner seul au restaurant.
Porter quelque chose qui sort de l'ordinaire.
Chanter en solo dans le chœur de votre église.
Écrire une lettre au rédacteur en chef de votre journalfavori.
Vous habiller un peu plus chic que vos collègues de travail.
Exprimer une opinion peu orthodoxe ou un point de vue différent.
Intervenir dans le cadre d'une réunion municipale.
Être le premier sur la piste de danse.

Porter un chapeau au style peu commun.

Votre choix :

3. Dire la vérité

George a acquis énormément de courage en disant la vérité. À la mi-vingtaine, il avait été aux prises avec un grave problème de dépendance au jeu. Employé dans une banque, il volait de l'argent pour soutenir son vice. Au bout de six mois, il avait détourné plusieurs milliers de dollars. Or, des années plus tard, alors qu'il avait entrepris un programme de réadaptation pour remédier à sa dépendance au jeu, George a décidé de dire la vérité, sa démarche exigeant de faire amende honorable auprès des personnes lésées dans le passé. Il a donc pris un rendez-vous avec le directeur de la banque afin de lui faire part de son comportement passé et de lui proposer une façon de rembourser la totalité de l'argent volé. Abasourdi par cette confession, le directeur est allé consulter divers collègues à propos de cette situation peu commune. Il a, par la suite, expliqué à George que non seulement l'argent volé avait été rayé des registres, mais la période de prescription était échue. Aucune poursuite ne serait donc intentée. Si George se sentait soulagé et fier d'avoir dit la vérité, il savait que ce n'était pas suffisant. Ainsi, il a décidé de faire des dons réguliers à un organisme caritatif de son quartier jusqu'à ce qu'il ait versé l'équivalent du montant dérobé à la banque.

Comme vous l'avez appris au chapitre 3, dire la vérité nécessite parfois de faire de délicates confessions. Il peut s'agir d'un moyen très efficace de muscler votre courage. Y a-t-il quelqu'un avec qui vous éprouvez le besoin d'être honnête ? Si c'est le cas, n'hésitez pas à formuler ci-dessous une action en conséquence. Sinon, choisissez l'une de celles qui suivent :

Faites une mise au point avec un membre de votre famille.

Présentez des excuses à une personne que vous avez blessée.
Demandez à une personne de cesser de vous envoyer des messages non désirés par courrier électronique.
Admettez une erreur passée.
Avouez à quelqu'un vos dépenses excessives.
Faites savoir comment vous vous sentez à une personne qui vous a blessé.
Demandez à quelqu'un de cesser de trop parler.
Dites à un collègue, à un ami ou à un membre de votre famille que vous refusez de continuer à prendre part à des ragots.
Reconnaissez que quelque chose ne tourne pas rond dans une relation et prenez des mesures pour remédier au problème.
Corrigez tout renseignement erroné dans votre curriculum vitæ.

Votre choix :

4. Faire preuve d'audace

Au début de sa carrière, Hannah a occupé un emploi dans sa ville natale à titre d'adjointe exécutive d'un propriétaire d'entreprise. Ses tâches consistaient à assurer la gestion du bureau ainsi que des affaires personnelles de son patron. Le premier Noël de leur collaboration, Hannah a reçu en cadeau une généreuse prime en argent. La deuxième année, toutefois, elle n'a reçu qu'un modeste présent, un panier de confiseries. Or, comme elle avait travaillé encore plus dur au cours de cette deuxième année, elle s'attendait à recevoir de nouveau un montant d'argent. Quand je lui ai parlé, elle m'a dit se sentir choquée et insultée par ce présent.

Je lui ai alors expliqué que par amour-propre et par respect d'elle-même, Hannah devrait faire preuve d'audace et informer son patron de ses sentiments. Ainsi, pour éviter de passer toutes ses vacances rongée par la colère, je l'ai encouragée à lui téléphoner sans attendre, ce qu'elle a fini par accepter. Les genoux tremblants, elle a expliqué à son patron exactement comment elle se sentait. Dix minutes plus tard, celui-ci sonnait à sa porte avec un chèque en main, se confondant en excuses – ce qui est tout à son honneur.

Quel geste audacieux auriez-vous avantage à poser ?

Placez une petite annonce (ou répondez à une petite annonce).
Faites un compliment à un étranger.
Inscrivez-vous à un cours d'improvisation théâtrale.
Faites un exposé en public.
Au restaurant, protestez si vous ne recevez pas un bon service ou si on ne vous sert pas le plat que vous avez demandé.
Inscrivez-vous à un concours d'art oratoire.
Modifiez un rituel familial.
Demandez à quelqu'un de sortir avec vous.
Faites campagne pour défendre une cause qui vous tient à cœur et exprimez-vous sur le sujet.
Négociez le prix d'achat d'un article.

Votre choix :

5. Faire face à une peur d'ordre physique

L'apprentissage d'un nouveau sport ou d'une nouvelle activité physique peut constituer une façon formidable d'élargir votre zone de confort. Quand mon ami Jonathan a fini par apprendre à faire du patin à roues alignées, il a été surpris de constater la facilité avec laquelle il y était arrivé. Pendant trois ans, il avait remis à plus tard l'apprentissage de ce sport, de peur d'avoir l'air ridicule ou de faire une mauvaise chute. Lorsqu'il a fait part de son intérêt pour cette activité physique à son équipe de soutien, l'un des membres a offert de lui donner un cours. Un après-midi, les deux amis se sont rendus ensemble dans un grand parc de stationnement, où Jonathan a pu apprendre comment freiner et tourner correctement.

Jonathan a été surpris de voir la rapidité avec laquelle il est arrivé à maîtriser ce sport. Cet accomplissement lui a non seulement procuré un bien-être immense, mais lui a aussi permis de se joindre à un groupe de célibataires qui organisait des sorties en patin à Central Park. Il a eu un plaisir fou !

Y a-t-il un défi d'ordre physique que vous êtes prêt à relever ?

Apprenez à skier.
Prenez un rendez-vous chez le dentiste.
Obtenez de l'aide afin de surmonter une phobie (serpents, araignées ou peur des hauteurs).
Déménagez dans une région éloignée.
Apprenez à faire du vélo de montagne, du patin à roues alignées ou encore à nager.
Sautez en parachute.
Prenez un rendez-vous chez le médecin.
Cessez de fumer.
Perdez du poids.
Prenez un rendez-vous pour une chirurgie correctrice que vous remettez toujours à plus tard.

Votre choix :

6. Faire face à une peur d'ordre professionnel

Depuis trois ans, Andrea, massothérapeute de son métier, parlait d'augmenter ses tarifs. Comparativement à ses collègues, les prix d'Andrea étaient très, voire même trop bas, mais elle avait peur de perdre ses clients si elle les augmentait. Or, en raison de l'inflation et d'une difficulté croissante à joindre les deux bouts, Andrea a fini par être obligée d'affronter sa peur. Je lui ai suggéré de faire des recherches afin de déterminer quels étaient les tarifs courants en massothérapie. Quand elle m'a fait part de ce qu'elle avait découvert, je l'ai mise au défi de fixer ses nouveaux tarifs au-dessus du prix le plus élevé rencontré dans le cadre de ses recherches. Décidée à prendre le taureau par les cornes, Andrea a rédigé une lettre d'avis qu'elle a ensuite envoyée à tous ses clients. Non seulement a-t-elle conservé l'ensemble de sa clientèle, mais grâce à la nouvelle dose de courage que cette démarche lui a procurée, elle s'est tout à coup sentie capable d'affronter d'autres peurs qui la tourmentaient depuis des années.

Que ferez-vous pour élargir votre zone de confort dans la sphère professionnelle ?

Faites 50 visites impromptues à des clients potentiels.
Lancez une nouvelle entreprise.
Demandez une augmentation de salaire.
Demandez des recommandations de vos anciens employeurs.
Engagez un nouvel employé.
Congédiez un employé.
Achetez un ordinateur ou une nouvelle pièce d'équipement.
Augmentez vos tarifs.
Aiguillez les clients qui ne vous conviennent pas vers d'autres entreprises.
Donnez une nouvelle orientation à votre carrière.

Votre choix :

7. Faire face à une peur d'ordre financier

William a fini par trouver le courage de faire face à la réalité : il était criblé de dettes. Pendant des mois, il avait dépensé de façon effrénée pour acheter toutes sortes de choses : nouveaux vêtements, présents pour les amis et j'en passe. Après avoir fait un inventaire de sa situation, il a constaté avec stupeur que sa dette s'élevait à plus de trente-cinq mille dollars. Il a, alors, pris contact avec une agence de crédit conseil et établi un plan de remboursement. Même après avoir appris que le règlement de sa dette exigerait beaucoup de temps, William se sentait soulagé et déterminé à demeurer dans le droit chemin.

À quelle peur d'ordre financier devriez-vous faire face ?

Obtenez une copie de votre rapport de solvabilité.
Communiquez avec une agence de consolidation de dette.
Ouvrez votre dossier de factures en souffrance.
Faites faire votre déclaration de revenus.
Remboursez une vieille dette.
Réclamez un montant qui vous est dû.
Soldez votre compte.
Faites l'inventaire de vos dettes.
Débarrassez-vous de votre carte de crédit.
Établissez un budget et respectez-le.

Votre choix :

Revenez en arrière, repassez chacune des catégories et dressez ici la liste des actions que vous avez choisies :

1. Je réaliserai le rêve secret suivant :

2. Pour me distinguer de la foule, je compte :

3. Je dirai la vérité comme suit :

4. Je ferai preuve d'audace comme suit :

5. J'affronterai la peur d'ordre physique suivante :

6. J'affronterai la peur d'ordre professionnel suivante :

7. J'affronterai la peur d'ordre financier suivante :

Vous êtes dorénavant prêt à vous mettre au travail ! Assurez-vous d'avoir recours à votre équipe de soutien. Maintenant que vous êtes sur le point de muscler votre courage, j'aimerais vous faire part de quelques conseils qui viennent de ma communauté virtuelle, histoire de vous faciliter les choses :

Passez immédiatement à l'action. Ne laissez pas trop de temps s'écouler, car l'anxiété risque alors de vous envahir. Par exemple, si vous décidez de prendre un rendez-vous chez le médecin que vous auriez dû prendre il y a longtemps, essayez de l'obtenir le plus rapidement possible, même si vous devez vous placer sur une liste d'attente.

Célébrez vos erreurs. N'oubliez pas qu'il n'y a rien de mal à faire des erreurs. En fait, les erreurs sont inévitables lorsque vous commencez à muscler votre courage. Considérez chaque erreur comme un signe indiquant qu'il vous faut demander de l'aide ou vous orienter dans une autre direction.

Changez d'avis. Si vous avez décidé de faire une démarche qui vous semble tout à coup mal avisée, faites-vous confiance. Reconnaissez vos limites et donnez-vous la permission de changer d'avis.

En cas de doute, vérifiez. Si vous croyez votre bien-être physique ou émotionnel menacé, parlez-en à quelqu'un en qui vous avez confiance. Demandez de l'aide à une personne que vous considérez plus courageuse que vous.

Fixez-vous des échéances. Ne confondez pas planification et action. Pour réellement progresser dans la vie, vous devrez vous fixer des dates butoir et les respecter !

Respectez vos engagements. Demandez à votre partenaire ou à votre équipe d'exiger de vous le respect de vos engagements. Le fait d'avoir des comptes à rendre peut se révéler très inspirant et motivant.

Résumons votre démarche :

La personne qui m'apportera du soutien est :

Les cinq réalisations passées que j'invoquerai pour me donner du courage sont :

1.
2.
3.
4.
5.

Mon talisman de courage sera :

À vos marques, prêt, partez ! Jouez au jeu « affronte ta peur » et dites : « oui » à la vie ! À partir de maintenant, quand vous aurez peur, réjouissez-vous ! Car il s'agit d'une occasion en or d'acquérir le courage grâce auquel vous serez en mesure d'apporter une précieuse contribution au monde qui vous entoure !

Ressources

Livres

Courage: The Heart and Spirit of Every Woman: Reclaiming the Forgotten Virtue, par Sandra Ford Watson (Broadway Books, 2001).

Ce livre explique aux femmes, à leurs filles, à leurs amies et aux hommes qui les soutiennent comment reprendre possession de ce qui leur revient de droit et comment vivre pleinement en ouvrant leur cœur et leur âme.

Women of Courage: Inspiring Stories from the Women Who Lived them, par Katherine Martin (New World Library, 1999).

Quarante femmes décrivent des moments qui ont changé leur vie, où elles ont dû s'appuyer sur leurs propres ressources intérieures afin de trouver force afin sagesse et de relever les défis qui se présentaient à elles.

Still I Rise, par Maya Angelou (Random House, 2001).

Maya Angelou célèbre le courage de l'âme humaine ainsi que sa capacité à surmonter les pires obstacles. Ce poème est un hommage au pouvoir qui réside en chacune et chacun de nous et qui nous permet de sortir vainqueurs des situations les plus difficiles.

Maiden Voyage, par Tania Aebi (Ballantine Books, 1989).

Le courageux périple d'une femme qui a navigué autour du monde en bateau à voile. Un récit de courage.

Sites Web et groupes

www.toastmasters.org.uk

Les *Toastmasters* est un club international d'art oratoire dont le but est d'apprendre à ses membres à s'exprimer en public. Chaque membre a la possibilité d'apprendre à animer une réunion, à donner un exposé et à offrir des évaluations constructives aux autres membres.

www.emofree.com

Un extraordinaire site Web qui offre des ressources simples et efficaces permettant de vaincre ses peurs et ses phobies et d'apaiser une série de symptômes physiques comme l'anxiété, la dépression et les douleurs corporelles.

CHAPITRE SIX

Visez rien de moins que ce qu'il y a de mieux

AU COURS DE VOTRE EXISTENCE, IL Y A DEUX outils importants dont vous ne disposez que temporairement : le temps et l'énergie. Pour pouvoir mener une vie qui fait honneur à votre croissance personnelle et spirituelle ainsi qu'à votre engagement à contribuer à rendre le monde meilleur, vous devez utiliser ces outils conformément à vos valeurs. Et pour y arriver, il vous faut faire preuve de patience et de maturité afin de n'accepter que ce qu'il y a de mieux dans votre vie.

Chacun d'entre nous sommes dotés de libre-arbitre. Avec cette qualité vient la responsabilité de faire des choix avisés. En devenant hautement sélectif sur les façons dont vous choisissez d'utiliser ou de ne pas utiliser votre temps et votre énergie, vous acquerrez un point de vue plus adulte sur la vie. Vous commencerez à comprendre qu'il vaut mieux privilégier la u détriment de la quantité. Vous vous rendrez également qu'étant donné que votre vie extérieure est un reflet direct otre vie intérieure, il devient nécessaire de faire preuve de ence et d'attention pour déterminer ce que vous acceptez ou fusez d'inclure dans votre existence.

Par viser rien de moins que ce qu'il y a de « mieux », je ne veux pas dire qu'il faille entretenir un appétit insatiable pour les possessions matérielles. En effet, le besoin de posséder toujours plus de « choses » naît d'un sentiment de vide spirituel, d'une aspiration non satisfaite à quelque chose de plus profond et de plus substantiel qu'aucune voiture ni aucune maison ne peut procurer. Je parle ici d'un degré d'excellence directement inspiré par vos valeurs spirituelles ainsi que des critères permettant de créer l'environnement émotionnel et physique grâce auquel vous pourrez donner le meilleur de vous-même. Loin de relever de l'égoïsme ou du nombrilisme, le fait de vouloir quelque chose de mieux découle plutôt d'une solide estime de soi et d'une conviction profonde que nous avons tous droit à une qualité de vie élevée. Il n'y a rien d'immoral à voir grand. En fait, plus vous apprendrez à viser rien de moins que ce qu'il y a de mieux, plus vous éprouverez le désir et aurez la capacité d'aider les autres à faire de même. La privation est le ferment de la peur et de l'égoïsme, états d'esprit diamétralement opposés à la générosité d'esprit. L'abondance, en revanche, favorise l'amour et le partage en plus de susciter un profond désir de rendre service aux autres.

L'acquisition de la capacité de viser rien de moins que ce qu'il y a de mieux est la prochaine étape dans votre processus de croissance spirituelle. À mesure que s'accroîtra votre confiance en vous, vous reconnaîtrez que vous méritez d'exiger davantage de la vie et vous vous donnerez la permission de l'obtenir. Vous cesserez de vous contenter de moins. Bien sûr, il y a des risques à s'engager dans cette voie : la douleur de la déception, la peur de l'échcc et l'ostracisme que vous risquez de subir quand vous ferez des choix différents de ceux de vos proches. Ce sont ces peurs qui empêchent un grand nombre d'entre nous de viser plus haut. Nous apprenons alors à nous contenter de valeurs sûres et familières ou de faire ce que les autres attendent de nous. Un exemple type de ce genre de compromis est l'homme ou la femme qui accepte de rester dans une relation insatisfaisante de peur de se retrouver seul ou d'être incapable de dénicher quelqu'un de mieux. Ou la personne qui garde un emploi sûr en dépit d'un grand vide intérieur né du besoin non assouvi d'exprimer ses talents réels. On dit souvent que les gens préfèrent toujours rester dans une situation insatisfaisante mais familière plutôt que d'affronter l'inconnu. Heureusement, je crois que ce n'est pas vrai.

Les principes spirituels

Maintenant que vous avez sérieusement commencé à miser sur votre vie, il vous reste une capacité à acquérir : celle de faire honneur à une série de principes spirituels qui vous aideront à devenir très sélectif face à ce que vous acceptez ou non d'inclure dans votre vie.

Les principes spirituels constituent en quelque sorte les règles ou les lignes de conduite que vous mettez en place pour faire honneur à votre âme, l'essence même de votre être. Ils constituent votre étalon-or. En vous en servant comme guide, vous vous assurez une plus grande qualité de vie. Lorsque vous respectez ces principes, vous vivez chacune de vos expériences en donnant le meilleur de vous-même. Vous protégez votre temps et votre énergie en devenant plus exigeant. Il se peut que vous vous sentiez un peu mal à l'aise quand vous commencerez à vouloir davantage pour vous-même. C'est d'ailleurs la raison pour laquelle la plupart d'entre nous avons tendance à entraver notre propre réussite. Nous nous contentons de moins, remplissons notre temps et notre espace avec trop de « choses » et nous accrochons à des médiocrités de peur de perdre ce que nous possédons déjà. Mais quand nous trouvons finalement le courage de viser quelque chose de mieux, nous sommes habituellement récompensés de nos efforts.

Pour pouvoir être en mesure de viser rien de moins que ce qu'il y a de mieux, il vous faudra acquérir la patience et la force émotionnelle grâce auxquelles vous pourrez cesser de vouloir des choses qui ne sont bonnes pour vous (comme par exemple un bon emploi) pour viser plutôt celles qui sont dans votre meilleur intérêt (l'emploi idéal qui mettra à contribution vos talents et à vos dons). Cela pourra vous sembler difficile au début. En effet, nous vivons dans une société qui encourage la satisfaction immédiate. Heureusement, plus vous ferez appel à votre patience et plus vous en aurez, et plus il vous sera facile de tenir bon jusqu'à ce votre plus grand intérêt puisse être servi.

Apprendre à n'accepter rien de moins que ce qu'il y a de mieux constitue également pour vous l'occasion de consolider votre foi en une puissance supérieure. En effet, à maintes occasions, vous devrez refuser ce qui n'est que bon sans savoir si quelque chose de mieux se présentera par la suite. Bien que difficile au début, cela vous donnera la possibilité de lâcher prise et de connaître la joie que procure la foi en une puissance supérieure.

À mesure que j'ai appris à faire honneur à mes valeurs en visant rien de moins que ce qu'il y a de mieux, une force divine a ouvert pour moi des portes inimaginables, accélérant du même coup ma croissance personnelle et professionnelle. Et j'ai pu voir ce même principe à l'œuvre dans la vie de mes clients. Pour mieux faire honneur à ses principes spirituels, ma cliente Anna avait décidé de s'entourer de personnes qui étaient, elles aussi, engagées dans une démarche de croissance personnelle. Pour y arriver, elle a dû mettre fin à une « bonne » relation afin de faire de la place pour une relation qui correspondrait davantage à ses critères d'excellence en la matière – bref, une relation qui la comblerait vraiment. Même si cette démarche a été difficile, une fois qu'Anna eut fait la paix avec sa décision et trouvé le courage de passer à l'action, une occasion de nouer une relation plus saine s'est présentée à elle juste au bon moment. Lorsque vous décidez de faire honneur à vos valeurs spirituelles en n'acceptant rien de moins que ce qu'il y a de mieux pour vous, il arrive souvent qu'une présence divine vous fournisse plus d'occasions favorables que vous ne l'auriez jamais imaginé.

Même si chacun et chacune d'entre nous possédons nos propres principes spirituels, j'ai pu constater que certaines valeurs étaient communes à l'ensemble de mes clients qui ont réussi dans la vie. Voici en quoi consistent ces principes universels :

1. Ma vie est centrée sur mes valeurs.

2. J'aspire à une existence intègre où mes pensées, mes paroles et mes actes sont en harmonie avec mon être spirituel.

3. Je m'entoure de personnes qui sont engagées dans leur propre démarche de guérison intérieure.

4. Mon travail reflète mes valeurs et m'inspire à donner le meilleur de moi-même.

5. Je fais de mon bien-être émotionnel, physique et spirituel ma priorité absolue.

6. Je respecte les autres et résiste à la tentation de porter des jugements sur eux à partir de mes propres principes et critères.

7. Je tiens à mener une vie qui sert un plus grand objectif.

Passez à l'action ! Définissez vos principes spirituels

Parmi les principes ci-dessus, choisissez ceux que vous voudriez incorporer dans votre vie. Puis, ajoutez-en d'autres de votre cru. Inscrivez vos nouveaux principes spirituels ici ou dans votre journal :

1.
2.
3.
4.
5.
6.
7.
8.
9.
10.

Pour pouvoir faire honneur à ces principes, il vous faudra commencer à vous habituer à viser rien de moins que ce qu'il y a de mieux. Vous devrez, alors, vous préparer à voir votre vie changer. Laissez-moi vous donner un exemple de ce que je veux dire.

Le client « idéal »

Il y a des années, au début de ma carrière de coach, j'acceptais de travailler avec toutes les personnes qui étaient prêtes à m'engager. Comme la plupart des propriétaires d'entreprise, je désirais ardemment accumuler de l'expérience et me créer une solide source de revenu. Toutefois, au fil du temps, j'ai pu m'apercevoir qu'avec certains types de clients, j'étais à mon meilleur et mieux en mesure de faire honneur à mes valeurs. Suite à cette découverte, j'ai créé un exercice appelé le « profil du client idéal ». Ce profil m'a permis d'identifier d'avance les clients avec qui je donnerais le meilleur de moi-même.

En plus de me servir de cet exercice dans le cadre de ma propre pratique, je l'ai enseigné à des clients qui avaient eux aussi envie de rehausser les critères de qualité qu'ils appliquaient dans leur vie. Les résultats ont été phénoménaux. Je me souviens d'une femme en particulier du nom de Pauline, qui était propriétaire d'une petite firme comptable. Pauline était lasse de son travail et songeait sérieusement à vendre son entreprise et de changer de carrière. Quand je lui ai demandé de m'expliquer ce qu'elle entendait par « lasse », elle m'a répondu que ses activités professionnelles ne présentaient plus de défi pour elle et qu'elle en avait assez de s'occuper de détails tels que le recouvrement des paiements en retard. Au lieu de l'encourager à donner suite à sa décision et à vendre son entreprise, ce qui me semblait précipité, j'ai expliqué à Pauline ce que signifiait viser rien de moins que ce qu'il y a de mieux. Je lui ai aussi suggéré d'établir de nouveaux critères pour son travail.

Pauline se contentait de moins en acceptant de travailler avec des clients exigeants qui la rendaient folle. De plus, une grande partie de son travail l'ennuyait. Il était donc temps pour elle de se mettre à respecter un important principe spirituel : prendre soin de sa santé émotionnelle, physique et spirituelle. Pour ce faire, j'ai demandé à Pauline de réfléchir aux dernières années de sa pratique professionnelle et de dresser une liste des clients les plus inspirants et avec qui le travail avait été le plus agréable et satisfaisant. Une fois qu'elle eut terminé cette liste, je lui ai demandé de dresser une nouvelle liste, cette fois-ci de ses dix meilleurs clients.

Ensuite, j'ai demandé à Pauline de déterminer quelles étaient les caractéristiques que ces dix clients avaient en commun. Par exemple, s'agissait-il surtout de femmes ou d'hommes ? Appartenaient-ils à un groupe d'âge en particulier ? Exerçaient-ils leurs activités dans une industrie précise, éprouvaient-ils les mêmes besoins ou manifestaient-ils des traits de personnalité semblables ? À mesure qu'elle prenait conscience de ces dénominateurs communs, Pauline s'est mise à remarquer des constantes qui allaient lui être utiles pour la prochaine étape. Je lui ai alors demandé de relire sa liste et de choisir les sept caractéristiques qui lui semblaient les plus importantes. C'est ainsi qu'elle a obtenu le profil du client exceptionnel, celui avec qui elle réalisait son meilleur travail. Voici cette liste :

Mes clients idéaux :

1. Possèdent leur propre entreprise.

2. Font preuve d'une grande intégrité.

3. Apprécient mon travail.

4. Me paient dans les délais prescrits et trouvent mes tarifs satisfaisants.

5. Possèdent un bon sens de l'humour et sont de fréquentation agréable.

6. Ont des besoins plus complexes en matière de comptabilité ou un solide plan de croissance.

7. Me traitent comme une partenaire et respectent mes opinions.

Une fois ce profil bien en place, j'ai demandé à Pauline de répondre à quelques questions. Quel était son sentiment à l'idée de ne travailler qu'avec ces clients ? Si cela était possible, aurait-elle toujours envie de vendre son entreprise (ce qui constituerait une décision tout à fait valable) ? Était-elle prête à se mettre à travailler exclusivement avec ses clients idéaux et à voir ensuite quels effets ce changement aurait sur elle ?

Pauline a accepté d'essayer et je lui ai demandé d'imprimer trois exemplaires de son profil du client idéal et de les placer bien en vue – près du téléphone, dans son carnet de rendez-vous ainsi que sur son économiseur d'écran. En gardant ce profil bien en vue, elle pourrait intérioriser rapidement les caractéristiques de son client idéal et, en gardant cette image à l'esprit, elle allait se mettre à attirer vers elle ce type de clientèle.

Maintenant que Pauline avait trouvé ce que le « mieux » voulait dire pour elle en traçant le portrait exact du type de personnes avec lesquelles elle désirait surtout travailler, elle allait devoir utiliser ce profil sagement au moment des choisir de nouveaux clients. Je l'ai prévenue qu'elle allait sûrement être mise à l'épreuve. En effet, il était fort probable qu'elle reçoive des appels de gens qui correspondraient presque parfaitement au profil. Son défi consisterait à ne pas accepter ce qui est simplement bon et de ne viser que ce qu'il y a de mieux. Ainsi, pour être acceptés, les clients potentiels allaient devoir être des clients idéaux.

Au début, Pauline a fait l'erreur d'accepter quelques clients pas tout à fait idéaux. Étape normale de l'apprentissage, ces petits écarts ont simplement servi à lui rappeler ce qu'elle ne voulait plus dans sa pratique professionnelle. Avec le temps, elle a pu constater qu'une puissance divine était à l'œuvre dans sa vie et avait son meilleur intérêt à cœur. Elle s'en est tenue à sa liste de critères et les clients idéaux se sont mis à affluer.

Huit mois plus tard, Pauline n'en revenait pas de voir à quel point son entreprise avait changé. Sa firme était florissante et sa clientèle, de haute qualité, appréciait grandement ses services et le lui faisait savoir. Ses revenus professionnels avaient atteint des niveaux sans précédent et elle adorait se rendre au bureau chaque jour. En faisant le choix de faire honneur à ses principes et de n'accepter rien de moins que ce qu'il y a de mieux, Pauline a grandement amélioré non seulement sa qualité de vie, mais aussi la qualité de ses services professionnels. Ainsi, ses clients ont eux aussi bénéficié de cette judicieuse décision !

Passez à l'action ! Définissez en quoi consiste votre idéal

L'exercice du « profil idéal » peut être utilisé de diverses façons dans le but de faire honneur à vos principes spirituels. Par exemple, quand mon client Rick m'a dit éprouver le besoin de se faire de nouveaux amis qui auraient comme lui à cœur leur croissance spirituelle, je lui ai fait tracer le profil du « copain idéal ». Ce profil comprenait les qualités, les intérêts et les croyances spirituelles qui étaient les plus compatibles avec les siennes. Quand ma cliente Nicky a dû embaucher un nouvel adjoint administratif, je lui ai demandé de créer un profil de l'adjoint idéal en déterminant quel serait le type de personne qui lui permettrait de faire son meilleur travail. Il est beaucoup plus facile de viser rien de moins que ce qu'il y a de mieux quand on a préalablement défini en quoi consistait ce « mieux ».

C'est maintenant à vous de jouer. Choisissez un domaine de votre vie ou vous avez besoin d'établir un idéal et de viser rien de moins que de ce qu'il y a de mieux. Par exemple, si vous aimeriez faire une rencontre romantique, vous devriez peut-être tracer le profil du conjoint idéal. Si vous avez décidé de chercher un nouvel emploi, un profil de l'employeur idéal pourrait s'avérer utile. Vous pouvez même utiliser cet exercice au moment de faire un achat ou de prendre une décision importante. Ainsi, vous pourriez tracer le profil de la maison idéale ou de l'école idéale pour votre enfant.

Établissez votre idéal dès maintenant. Remplissez les espaces vides ci-dessous.

Je dois créer un profil idéal pour :

Mon scénario de réussite est :

Les sept caractéristiques auxquelles j'accorde le plus d'importance sont :

1.
2.
3.
4.
5.
6.
7.

Une fois que vous avez déterminé quelle était votre conception de « ce qu'il y a de mieux », il importe que vous fassiez honneur à vos critères. Exigez de vous-même de n'accepter rien de moins que ce que vous voulez vraiment. Par exemple, si vous êtes un employeur à la recherche du candidat idéal, soyez patient et faites passer autant d'entrevues que nécessaire pour trouver exactement la personne que vous cherchez. Si vous êtes un propriétaire d'entreprise et que vous avez clairement défini votre projet idéal, soyez prêt à résister à la tentation d'entreprendre quelque chose de simplement bon afin de laisser la place libre aux projets correspondant à cet idéal. Croyez-moi, cela vaut largement la peine d'attendre !

Voyons maintenant une autre façon d'arriver à viser rien de moins que ce qu'il y a de mieux : le test du « oui absolu ».

Le test du « oui absolu »

Dans *Prenez le temps de vivre votre vie*, j'offrais aux lecteurs une façon à la fois simple et efficace de faire honneur à leurs principales priorités : la création d'une « liste de oui absolus ». Cette liste devait contenir les sept activités que les lecteurs considéraient les plus dignes de leur temps et de leur énergie. Cette liste devenait le document de référence grâce auquel ils allaient pouvoir faire des choix éclairés. Si quelque chose ne figurait pas sur la liste, c'est qu'elle ne constituait pas une priorité absolue.

J'ai poussé la méthode du « oui absolu » un peu plus loin en l'utilisant pour déterminer si une activité est suffisamment importante pour que j'y accorde temps et attention. Cette méthode est devenue un outil important qui m'est très utile, de même qu'à mes clients, pour prendre des décisions qui font honneur à mes principes spirituels. Par exemple, ma cliente Laura s'est servie du test du « oui absolu » pour faire honneur l'une de ses priorités spirituelles : prendre soin d'elle-même. Chaque fois qu'elle recevait une invitation à une soirée mondaine, elle se posait la question suivante avant de donner sa réponse : « S'agit-il d'un « oui absolu » ? Si elle répondait autre chose qu'un tonitruant « oui ! », elle rejetait l'invitation.

Mon amie Sophia se servait du test du « oui absolu » d'une façon un peu différente. L'une de ses valeurs de base était la beauté et elle avait comme principe spirituel de faire honneur à cette valeur dans tous les domaines de sa vie. Chaque fois qu'elle faisait des emplettes pour trouver des vêtements ou d'autres accessoires, elle s'arrêtait avant tout achat éventuel pour se demander si l'objet en question représentait un « oui absolu » avant de prendre une décision. De cette façon, Sophia était en mesure de maintenir des normes élevées relativement à ce qu'elle laissait entrer dans son placard et dans sa maison.

J'ai appris à faire confiance à ce test en le laissant guider mes choix dans tous les domaines de ma vie, du restaurant où je vais dîner aux occasions d'affaires que je devrais considérer. Je n'ai jamais été déçue. Pour utiliser cette méthode lors d'une prise de décision, il faut du courage et de la pratique. Au début, vous serez souvent tenté de dire oui à ce qui n'est en réalité qu'un « peut-être » ou un « pas si mal ». Encore une fois, vous devrez maintenir fermement votre engagement de n'accepter que ce qu'il y a de mieux. Si votre réponse n'est pas un oui absolu, il vous faut tout simplement dire non.

Passez à l'action ! Utilisez le test du « oui absolu »

Prenez un temps d'arrêt et pensez à une décision importante qui se présente à vous en ce moment. Y a-t-il un achat que vous devez faire ? Auriez-vous besoin de réorienter votre carrière ? Dressez ici la liste de ces trois décisions :

1.
2.
3.

Puis posez-vous la question suivante : « S'agit-il d'un « oui absolu ? ». Vous saurez la réponse presque immédiatement. Un oui absolu donne habituellement l'impression d'entendre un solide « Vas-y ! ». Prenez l'habitude de vous poser cette question même pour les décisions simples, par exemple le choix d'un film ou d'un endroit où passer vos vacances. Faites confiance à vos émotions : elles vous guideront dans la bonne direction. Même si vous ignorez ce que l'avenir vous réserve, si vous maintenez des critères élevés, je peux vous garantir que des choses formidables surviendront dans votre vie !

Choisissez sagement

Au fur et à mesure que vous misez sur votre vie, faites de l'idée de ne viser que ce qu'il y a de mieux : votre principe directeur. Appliquez-le dans tous les domaines de votre existence. Par exemple, je porte étroitement attention à ce que je laisse entrer dans mon esprit. Cela signifie que je filtre constamment mes choix de lecture, de films et d'émissions de télévision ou de radio en me demandant dans chaque cas si un choix éventuel « servirait mon meilleur intérêt ». Par exemple, un soir que je regardais la télévision, je suis tombée sur un reportage traitant d'un meurtre ayant été perpétré dans la ville de New York. L'émission commençait avec une scène intense et bouleversante, qui m'a immédiatement captivée. Toutefois, deux minutes plus tard, je me suis rendue compte que même si cette émission était hautement divertissante, elle ne représentait que du « bon ». En effet, la violence et le suspense qu'elle contenait convenaient mal à ma nature sensible. Dès que j'ai pris conscience de cet état de fait, j'ai décidé de n'accepter rien de moins que ce qu'il y avait de mieux pour moi et j'ai choisi une autre émission plus réjouissante.

Ma cliente Amanda utilisait ce principe pour faire des choix judicieux touchant ses relations. Jeune femme à la fin de la vingtaine, elle avait une vie sociale bien remplie. Elle sortait presque tous les soirs et avait de nombreux amis. Mais même si elle était entourée de beaucoup de gens, elle disait se sentir seule et coupée des autres.

Quand nous avons examiné ses relations, Amanda a admis que la plupart de ses amis n'étaient en fait que des connaissances avec qui elle entretenait des liens agréables mais superficiels. Quand ils passaient du temps ensemble ou sortaient prendre un verre, leurs conversations n'étaient que commérages ou ne portaient que sur leurs dernières escapades amoureuses. Amanda voulait davantage.

Plus elle améliorait sa qualité de vie, plus elle aspirait à des liens plus profonds allant au-delà des conversations superficielles et lui apportant davantage sur les plans émotionnel et spirituel. Amanda a donc entrepris une réflexion sur la délicate question de ses relations, en évaluant la qualité de chacune de ses amitiés. Elle avait envie de ne consacrer son temps et son énergie qu'aux personnes qui éprouvaient comme elle le besoin de créer des liens plus significatifs. Cela voulait dire laisser tomber certaines relations, investir davantage dans d'autres et rechercher de nouveaux amis qui partageraient ses intérêts.

Vous pouvez apprendre à employer votre temps et votre énergie de façon à faire honneur à votre étalon-or en faisant tous les jours des choix avisés, même modestes. Voici quelques exemples :

– Passez plus de temps avec un ami au lieu de vous précipiter à votre prochain rendez-vous.
– Payez les modestes frais qui vous permettront de fairelivrer votre épicerie et vos autres achats au lieu de vous rendre au magasin.
– Passez du temps avec votre famille après le dîner au lieu de vous précipiter pour faire la vaisselle.
– Payez-vous un billet de théâtre au lieu de passer une autre soirée devant la télévision.

En faisant ces petits choix jour après jour, vous vous rendrez compte qu'ils ont un effet cumulatif. Avec le temps, non seulement vous comprendrez que même les choix modestes peuvent avoir un impact significatif sur votre qualité de vie, mais vous rehausserez vos attentes et du même coup votre degré d'amour-propre.

"Les petits choix, à long terme ont un effet cumulatif"

Passez à l'action ! Prenez l'habitude quotidienne de n'accepter rien de moins que ce qu'il y a de mieux

Pendant la journée, obligez-vous à mettre en application votre nouvelle aptitude à n'accepter que de ce qu'il y a de mieux. Vous pouvez utiliser la question suivante pour guider vos choix :

Est-ce simplement bon et qu'est-ce qui serait encore mieux ?

Consolidez cette nouvelle habitude en prenant quelques minutes à la fin de la journée pour inscrire vos bons coups dans votre journal. Non seulement cette façon de procéder renforcera-t-elle votre capacité à n'accepter rien de moins que ce qu'il y a de mieux, mais elle vous procurera la motivation dont vous avez besoin pour faire des choix toujours meilleurs de jour en jour.

À mesure que vous continuerez à faire des choix judicieux qui font honneur à vos principes spirituels, vous apprendrez à croire en l'existence d'une puissance supérieure qui se préoccupe constamment de vos meilleurs intérêts. Demandez à votre partenaire ou à votre équipe de soutien d'exiger de vous que vous respectiez vos principes spirituels. Aux moments où vous seriez le plus tenté de vous contenter de moins, prenez une profonde respiration et attendez. Ce temps d'arrêt vous permettra de trouver la force intérieure et la maturité d'accepter ce que vous méritez vraiment : rien de moins que ce qu'il y a de mieux.

Ressources

Livres

A Year to Live, par Stephen Levine (Bell Tower, 1997).

Un merveilleux guide pour faire des choix qui importent vraiment en vivant l'année qui vient comme si c'était la dernière.

Dancing at the Edge of Life, par Gale Warner (Hyperion, 1998).

Le récit profondément émouvant des treize derniers mois de la vie d'une jeune femme. Poète et journaliste primée, Gale raconte son extraordinaire face-à-face avec la mort et la vie dans son émouvant et percutant journal. Ce livre peut être difficile à trouver, mais il en vaut la peine.

Living a Life that Matters, par Harold S. Kushner (Sidgwick & Jackson, 2002).

Kushner, un de mes auteurs favoris, explique ici l'importance d'apporter quelque chose au monde qui nous entoure, ne serait-ce qu'en affectant positivement la vie d'une seule personne. Ce faisant, nous prouvons que nous comptons vraiment.

CHAPITRE SEPT

Centrez votre vie sur vos valeurs

C'EST LORSQUE NOTRE VIE DEVIENT L'EXPRESSION réelle de nos valeurs que nous pouvons faire notre plus grande contribution au monde qui nous entoure. Nous nous sentons inspirés, nous avons hâte de commencer notre journée et sommes en paix avec nous-mêmes, car nous savons que nous actualisons notre plein potentiel. La récompense qui accompagne la réalisation du travail intérieur expliqué dans le présent livre est le courage et la conviction de vivre une vie pleine de sens, une vie qui fait honneur à nos valeurs.

À ce stade-ci, vous devriez éprouver une plus grande puissance intérieure. Vous devriez vous sentir centré et bien dans votre peau. Votre confiance en vous et votre estime de soi devraient être rehaussées. Vous avez dorénavant intégré les compétences qui vous permettent de vous exprimer avec force et courtoisie. Toutes mes félicitations ! Il est maintenant temps de mettre ces nouvelles aptitudes à profit dans le monde extérieur.

Comme je l'ai mentionné au chapitre un, notre but dans la vie est double. Premièrement, nous devons nous engager consciemment à entreprendre une démarche de croissance personnelle et spirituelle, ainsi qu'à élever nos pensées, nos paroles et nos actes à un niveau supérieur, plus éclairé. Deuxièmement, nous devons dépasser notre égoïsme et contribuer au bien-être des autres de façon à laisser, à notre départ, un monde meilleur qu'à notre arrivée. Maintenant que vous avez concentré vos énergies sur votre travail intérieur, il est temps de centrer votre vie extérieure sur vos valeurs et de déterminer comment vos talents et vos dons pourront être utiles aux autres.

Dans le présent chapitre, nous nous pencherons sur trois domaines, que voici :

1. Les valeurs
2. Les changements à effectuer dans votre vie
3. L'action

Pour pouvoir centrer votre vie sur vos valeurs, vous devrez faire un retour sur le travail que vous avez effectué au chapitre deux afin de déterminer en quoi vos valeurs ont depuis changé. Puis, en clarifiant vos valeurs fondamentales, vous aurez la chance de réévaluer les trois changements que vous aviez choisis de réaliser. Enfin, une fois ces deux préalables bien en place, je vous montrerai une méthode simple en trois étapes qui vous permettra de mettre en œuvre ces changements et de commencer à centrer votre vie sur vos valeurs. Allons-y.

Passez à l'action ! Revisitez vos valeurs

À mesure que vous consoliderez vos compétences intérieures en changeant votre façon de vous comporter dans le monde, il importe que vous reconsidériez vos valeurs. Il est possible que celles-ci aient changé au fil du temps, en réaction à votre évolution et aux changements qui se sont produits dans votre vie. Pour commencer à orienter votre existence en fonction de ces valeurs, reportez-vous aux quatre valeurs essentielles que vous aviez indiquées à la page 90, et inscrivez-les ici :

Mes quatre valeurs essentielles indiquées au chapitre deux :

1. Accompli
2. Famille
3. Bien-être
4. Rapport avec Dieu

Maintenant, refaites l'exercice de détermination des valeurs profondes proposé au chapitre deux pour que nous puissions voir en quoi ces valeurs ont changé à la suite du travail de croissance personnelle que vous avez effectué jusqu'ici. Une fois que vous aurez terminé l'exercice, dressez ici la liste de vos valeurs fondamentales (qu'elles aient changé ou non) :

Mes valeurs actuelles :

1. Accompli
2. Famille
3. Bien-être
4. Rapport avec Dieu

Maintenant que vous avez clarifié vos quatre valeurs fondamentales, la prochaine étape consiste à revoir les trois grands changements que vous aviez choisi de réaliser dans votre vie et inscrits en page 98, juste après l'exercice sur les valeurs. Pour commencer ce processus, indiquez ici ces trois changements :

Les changements indiqués au chapitre deux :

1.
2.
3.

En relisant ces changements, comment vous sentez-vous ? S'agit-il encore aujourd'hui des changements qui vous permettront de centrer votre vie sur vos valeurs ? Si c'est le cas, vous semblent-ils aussi déroutants qu'au début ? S'ils ne vous semblent plus appropriés, en quoi devriez-vous les changer ? Si vous décidez de rendre ces changements plus ambitieux ou d'y apporter des modifications, je vous recommande de prendre le temps de déterminer en quoi le processus de croissance personnelle que vous avez effectué au fil des derniers chapitres a influé sur ce désir. En quoi avez-vous évolué ? Quels aspects de votre caractère avez-vous renforcés ?

Quand est venu le temps, pour ma cliente Rachel, de réévaluer ses valeurs et les changements qu'elle croyait devoir faire afin d'y faire honneur, elle a constaté avec surprise que si ces valeurs étaient restées les mêmes, tous les changements qu'elle avait projetés n'étaient dorénavant plus pertinents. Rachel sentait qu'elle n'était plus la même personne et que les changements qu'elle avait originellement choisis d'effectuer – changer d'emploi, mettre fin à une relation à long terme et retourner à l'école – ne constituaient en réalité que des tentatives de combler un vide dans sa vie. Mais grâce au temps et à l'énergie qu'elle avait consacrés à l'établissement d'une nouvelle relation avec elle-même, ce vide était dorénavant comblé.

Ce type de situation n'est pas rare. Trop souvent, nous décidons d'effectuer des changements ambitieux en réaction à quelque chose qui cloche dans notre vie. Nous risquons alors d'aboutir à l'échec ou de choisir des solutions qui finissent par s'avérer temporaires ou insatisfaisantes. Quand vous bâtissez une solide relation avec vous-même, vous faites automatiquement des choix de vie judicieux. Des choix qui émanent d'un lieu plus profond et plus centré et qui entraînent une satisfaction réelle.

Dorénavant plus solide, plus confiante et mieux en mesure de s'affirmer, Rachel s'est rendue compte qu'elle devait faire les choses un peu différemment. Elle a pris la décision de poursuivre sa relation amoureuse et de continuer le travail amorcé au chapitre quatre en exigeant que ses besoins soient remplis et en établissant des limites claires relativement au temps qu'elle désirait pour elle-même. Elle a aussi décidé de conserver son emploi afin d'améliorer sa situation financière. En effet, elle a compris que ses dettes la vidaient de son énergie et qu'il était plus important pour elle de remédier à ce problème que de changer d'emploi. Enfin, Rachel a également remis son projet de retour aux études à plus tard, jusqu'à ce qu'elle ait remis de l'ordre dans ses finances. Elle en est arrivée à la conclusion que retourner à l'école simplement pour obtenir un diplôme sans avoir de plan de carrière judicieusement préparé constituait une décision irréfléchie. Il lui faudrait faire plus de recherches et explorer plus avant ses diverses possibilités de carrière avant d'investir autant de temps et d'énergie dans un retour aux études.

Quand Rachel a terminé la réévaluation des changements qu'elle voulait faire dans sa vie, le résultat se présentait comme suit :

1. Améliorer ma relation avec Kevin.
2. Rembourser mes dettes.
3. Explorer de nouvelles possibilités de carrière.

Mon client Paul, quant à lui, a emprunté un chemin différent. Après s'être profondément engagé à répondre adéquatement aux besoins de son âme, il a décidé de se lancer dans le vide et de prendre un gros risque. Célibataire à la fin de la trentaine, Paul était prêt à réaliser un rêve qu'il avait caressé toute sa vie. Quand il a réévalué ses valeurs et les changements qu'il avait choisis d'effectuer, il s'est rendu compte que rien n'avait changé.

Procureur de la couronne devenu avocat de la défense, il aspirait secrètement à devenir humoriste. Ses valeurs étaient les suivantes :

1. Éduquer les autres
2. Rire
3. Avoir du plaisir
4. Catalyser

D'une nature drôle et brillante, Paul avait dissimulé pendant longtemps ce désir d'être humoriste. Après tout, qui serait assez fou pour abandonner une fructueuse carrière en droit pour aller tenter sa chance sur les planches ? En clarifiant ses valeurs et en apprenant à se faire confiance, Paul a compris qu'il était temps pour lui de se consacrer à ce qu'il adorait : éduquer les gens sur eux-mêmes en utilisant l'humour. Il a donc décidé de faire de cette nouvelle carrière une priorité absolue. Les changements qu'il souhaitait faire dans sa vie se présentaient donc comme suit :

1. Quitter progressivement le domaine du droit.
2. Entreprendre une carrière d'humoriste professionnel.
3. Déménager à Los Angeles.

Paul savait qu'il prenait un risque. Un grand nombre de ses amis et des membres de sa famille ont cru qu'il était devenu fou. Mais il a persisté, car il croyait en lui-même et en ses rêves. Son plan d'action était le suivant :

1. Établir un plan financier pour soutenir mon nouveau projet.
2. Me renseigner sur le cheminement des humoristes ayant réussi.
3. Travailler à l'élaboration de monologues.
4. Me produire dans le cadre d'une soirée pour amateurs.
5. Faire des recherches sur la situation du logement à Los Angeles.

Passez à l'action ! Révisez les changements que vous aviez projetés

C'est maintenant votre tour de déterminer quels sont les changements qui s'imposent dans votre vie. Relisez ce que vous avez indiqué en page 224, faites les révisions nécessaires, puis inscrivez ici vos trois changements tels qu'ils se présentent maintenant :

Mes changements maintenant :

1.
2.
3.

N'oubliez pas de prendre en considération tous les aspects de votre vie : votre foyer, vos relations, vos émotions, votre bien-être physique et spirituel, etc.

Maintenant que vous savez quelles sont vos valeurs et que vous avez pris conscience des changements que vous devriez effectuer pour y faire honneur, il est temps de passer à l'action. Voici une façon efficace et productive de faire ces changements, en utilisant un processus simple en trois étapes :

1. Faites un remue-méninges afin d'établir un plan d'action.
2. Prévoyez et surmontez tous les obstacles.
3. Agissez.

Ces trois étapes constituent la philosophie de base sur laquelle je m'appuie chaque fois que j'entreprends un nouveau projet ou que je désire faire un changement d'envergure dans ma vie.

Passez à l'action ! Faites un remue-méninges afin d'établir un plan

Vous connaissez peut-être les démarches que vous devriez faire afin de mener à bien les changements que vous avez projetés. Si c'est le cas, dressez une liste de dix actions possibles dans votre journal (quand vous lirez ce qui suit sur l'efficacité du remue-méninges, vous pourriez avoir envie d'apporter certaines modifications à votre liste !). Sinon, l'une des meilleures façons de surmonter vos blocages et de déterminer les premières étapes que vous entreprendrez consiste à faire appel à la sagesse des autres. Dans son livre *Think and Grow Rich*, publié en 1937, Napoleon Hill suggère aux lecteurs de créer un groupe de « têtes chercheuses » constitué de personnes qui sont là pour les soutenir dans l'atteinte de leurs objectifs. Déjà, à cette époque, Hill saisissait l'importance de la communauté et son livre a été ma première introduction au pouvoir de la réflexion de groupe. J'ai alors immédiatement créé mon propre groupe de têtes chercheuses, lequel s'est révélé énormément utile. Cette expérience m'a incitée à faire appel au remue-méninges comme méthode simple et facile de trouver une solution à un problème ou de formuler des idées créatives permettant de mettre en œuvre un plan d'action. Depuis 15 ans, j'ai recours à cette méthode pour donner le coup d'envoi aux projets qui me tiennent à cœur.

Comme le fait de centrer votre vie sur vos valeurs peut vous paraître une entreprise risquée, il est fort possible que vous vous sentiez bloqué ou paralysé par la peur. C'est dans des moments comme ceux-là qu'une séance de remue-méninges avec des amis ou des collègues de travail (ou de parfaits étrangers !) peut vous procurer de nouvelles idées, une mine de ressources et beaucoup d'énergie pour vous lancer dans la réalisation de votre plan d'action. Quand un groupe de personnes se réunit dans le seul but de formuler de bonnes idées, l'énergie bouillonne à profusion et des miracles se mettent à se produire.

Il y a deux façons possibles de procéder à vos séances de

remue-méninges, que je recommande l'une autant que l'autre. Vous pouvez inviter un vaste groupe de personnes à faire un remue-méninges portant essentiellement autour de votre situation, ou encore réunir un groupe plus restreint (de six à huit personnes), dont les réflexions profiteront à tous et à toutes. Les deux façons de faire comportent des avantages. Quand j'ai besoin d'idées rapidement, comme le nom de personnes compétentes pouvant fournir certains services, j'invite entre dix et quinze personnes à un appel-conférence. J'offre toujours mon soutien en retour. En revanche, quand je désire tenir des rencontres régulières d'amis ayant les mêmes affinités dans un domaine donné, j'utilise de plus petits groupes. Il y a quelques années, j'ai fait partie d'un groupe de remue-méninges qui se réunissait une fois par mois au café d'une librairie de mon quartier. Ce groupe a joué un rôle de catalyseur dans un grand nombre de mes réussites, dont mon rêve de devenir auteur et de publier mes livres.

Pour organiser ce type de séance de remue-méninges, vous devez :

– Inviter un groupe de personnes dynamiques et positives chez vous ou à votre bureau. Dites-leur que vous effectuerez ensemble un remue-méninges pendant une ou deux heures en les invitant à penser à un de leurs besoins, qu'ils pourront soumettre au groupe. Si vous travaillez avec un partenaire, chacun d'entre vous devrait inviter deux personnes, pour obtenir un total de six.

– Maintenir une attitude positive (pas de « oui mais » !).

– Éliminer toute discussion ou débat.

– Garder l'esprit ouvert ; on ne sait jamais, une idée en apparence frivole peut mener à des résultats formidables !

Faites en sorte que la séance de remue-méninges se déroule

dans une ambiance à la fois festive et productive. Par exemple, vous pourriez organiser pour l'occasion un dîner-partage ou servir des hors-d'œuvre et un dessert. Assurez-vous que tous les participants tirent profit de cette rencontre. Demandez à chacun d'entre eux de choisir une question particulière qu'ils aimeraient soumettre au groupe et utilisez un chronomètre. En effet, il importe que chaque participant ait la chance de s'exprimer. Et rien n'est plus agaçant qu'une personne qui monopolise une réunion.

Lorsque vous réfléchissez aux personnes que vous souhaiteriez inviter à cette séance, ne vous limitez pas aux membres de votre famille et à vos amis ; élargissez votre champ d'investigation à vos connaissances, à vos collègues ou aux membres de votre réseau professionnel. Vous pourriez même considérer certains fournisseurs de services, comme votre massothérapeute, votre hygiéniste dentaire, votre avocat ou votre comptable. J'ai souvent pu constater que quand on leur en donne l'occasion, bien des gens se montrent intéressés contre toute attente à se joindre à un groupe de personnes qui partagent les mêmes objectifs qu'eux. Vous pourriez également être agréablement surpris de voir que beaucoup de personnes manifestent de l'intérêt à l'idée d'échanger des idées et de soutenir les réussites d'autrui.

Pour faciliter l'organisation de votre première séance de remue-méninges, j'ai conçu un message d'invitation que vous pourriez faire parvenir par courrier électronique à des participants éventuels. Vous pourrez le modifier selon vos besoins :

Chers amis,

J'ai récemment pris la décision de (changer de carrière, déménager à l'autre bout du pays, trouver une école pour mon fils, etc.). Pour pouvoir mettre en œuvre ce projet de la façon la plus productive et efficace possible, je tiendrai une séance de remue-méninges chez moi le soir du XX. Comme vous me semblez être une personne qui prend à cœur sa propre réussite et celle des autres, j'ai cru que vous aimeriez participer à cette rencontre et même soumettre au groupe un de vos objectifs ou besoins. Ces rencontres constituent une excellente occasion de trouver des idées et des ressources qui pourraient vous aider à progresser plus rapidement et aisément. Si vous souhaitez vous joindre à nous, je vous demande de bien vouloir m'en aviser, de façon à ce que je vous fasse parvenir au préalable l'information pertinente. Merci !

Chaque fois que je participe à une séance de remue-méninges, je suis renversée de voir le degré de créativité qui s'exprime quand les gens se réunissent pour se venir mutuellement en aide. Laissez-moi vous donner un exemple.

J'ai rencontré Debbie à l'occasion d'un atelier de week-end que je donnais à l'église Mile Hi, à Lakewood, au Colorado. Debbie adorait le ski. Au début de la cinquantaine, elle relevait d'une maladie qui l'avait clouée au lit pendant six mois et se sentait prête à faire certains changements dans sa vie. Pour mieux expliquer au groupe les avantages du remue-méninges, j'ai demandé à une personne de se porter volontaire pour une démonstration du pouvoir de la pensée collective. Debbie a immédiatement levé la main.

Debbie a annoncé au groupe qu'elle désirait devenir monitrice de ski à temps plein. Elle adorait ce sport et voulait partager cette passion avec d'autres, mais elle hésitait en raison de son âge et de ses capacités physiques diminuées des suites de sa maladie. Lorsqu'elle a fait part de ce souhait aux membres de l'atelier, elle a reçu une longue liste d'idées en quelques minutes seulement. Voici dix des suggestions qui lui ont été offertes :

1. Donner un cours à des personnes qui adoreraient skier, mais n'osent pas, car ils ont peur. Faire paraître dans le bulletin de sa paroisse une annonce intitulée « Le ski pour les froussards ».

2. Téléphoner à des écoles de ski pour savoir si elles embauchent des moniteurs.
3. Organiser un cours pour skieurs d'âge mûr.
4. Communiquer avec cinq moniteurs de ski et les interviewer afin d'obtenir des renseignements utiles sur ce type de travail.
5. Pour s'inspirer, lire la biographie de personnes ayant entrepris une nouvelle carrière passé l'âge de soixante ans.
6. Visiter le site Web d'associations de ski pour obtenir de l'information.
7. Élaborer une méthode d'enseignement originale et se bâtir une réputation dans le milieu.
8. Faire une activité qui lui rappelle ce qu'elle a ressenti quand elle a appris à skier.
9. Investir dans sa santé physique. Entreprendre un programme de mise en forme.
10. Faire des recherches sur les problèmes d'ordre physique des clients plus âgés.

Debbie a été surprise et encouragée par la réponse du groupe. En écoutant toutes ces idées géniales, son hésitation et sa peur se sont mises à diminuer. À la fin de l'atelier, elle ne tenait plus en place.

Dans ce même atelier, Victoria avait levé la main pour être la suivante à soumettre une question au remue-méninges. Son tour venu, elle a dit vouloir gagner sa vie en combinant ses aptitudes langagières avec son amour des voyages. Elle a également mentionné adorer la nourriture. Immédiatement, le groupe lui a fourni quelques avenues possibles. Voici quelques-unes de ces suggestions :

1. Devenir une interprète de voyage.
2. Faire une recherche d'emploi en vue d'obtenir un poste de guide touristique.
3. Songer à travailler pour une entreprise internationale offrant des services de réinstallation à ses employés.

4. Considérer un poste de critique gastronomique pour une revue de voyages.
5. Faire une recherche sur les écoles de gastronomie en Europe.
6. Lancer sa propre entreprise de recherche pour les gens qui veulent vivre à l'étranger et qui ont besoin d'information sur les écoles, les possibilités d'emploi et le logement.
7. Devenir une chroniqueuse gastronomique visitant des restaurants de partout au monde.
8. Devenir une messagère pour une entreprise de messagerie internationale.
9. Enseigner l'anglais à temps partiel dans un pays étranger.
10. Faire des recherches à la bibliothèque afin de trouver 50 emplois potentiels combinant voyages et langage.

Comme Debbie avant elle, Victoria a été très enthousiasmée par toutes les idées créatives générées par le groupe. Voilà ce qui se produit quand on effectue une remue-méninges à plusieurs. Ce processus fait ressortir ce qu'il y a de mieux chez l'humain. Le désir naturel de donner ainsi que l'exaltation que les gens éprouvent quand ils se rendent compte que tout est possible, les incitent à l'entraide. À mesure que les participants s'inspirent des idées les uns des autres, l'énergie du groupe en génère davantage. Non seulement la personne qui reçoit l'aide du groupe obtient-elle un grand nombre de suggestions, mais celles-ci stimulent l'enthousiasme et l'énergie des autres, les incitant d'autant plus à croire que tout est possible.

C'est maintenant à votre tour. À la fin de votre séance de remue-méninges, dressez une liste de dix actions possibles :

1.	6.
2.	7.
3.	8.
4.	9.
5.	10.

Passez à l'action ! Créez votre propre plan d'action

Une fois que vous avez obtenu une liste de dix idées ou plus à partir de votre séance de remue-méninges, relisez-les et choisissez-en cinq. Si la perspective de mettre ces actions en œuvre vous rend nerveux, rien ne vous empêche de choisir des démarches plus faciles. Si vous voulez partir en lion, choisissez les démarches les plus difficiles (qui sont probablement celles qui vous rebutent le plus). Chaque fois que vous entreprenez la réalisation de changements dans votre vie, il importe de toujours établir un plan d'action simple. Pour ce faire, il vous faut choisir cinq éléments de départ que vous indiquerez *par écrit* pour vous garder sur la bonne voie. Assurez-vous qu'ils soient précis et réalisables. Lorsque vous choisirez vos cinq étapes, souvenez-vous du test au papier tournesol : recherchez les actions qui suscitent chez vous un sentiment d'excitation et de nervosité à la simple idée de les réaliser.

Quand Victoria a relu sa liste d'idées, elle a choisi les cinq actions suivantes pour débuter :

1. Communiquer avec deux entreprises internationales pour savoir si elles font parfois appel à des interprètes de voyage.
2. Faire une recherche d'emploi en vue d'obtenir un poste de guide touristique.
3. Faire des recherches à la bibliothèque afin de trouver des emplois combinant voyages et langage.
4. Acheter plusieurs revues traitant de voyage et de gastronomie pour voir quels types d'articles combinent ces deux domaines et afin d'en apprendre davantage sur les auteurs.
5. Communiquer par courrier électronique avec deux rédacteurs afin de les rencontrer pour obtenir plus de renseignements sur leur travail.

Quelles sont vos cinq actions de départ ? Dressez-en la liste ici. Cette liste constitue la base de votre plan d'action.

1.
2.
3.
4.
5.

Vous êtes maintenant prêt pour la prochaine étape :

Passez à l'action ! Anticipez tous les obstacles et trouvez une solution

Si vous voulez réussir, vous devrez planifier avant de passer à l'action. Cela signifie qu'il vous faudra prévoir tous les obstacles potentiels et trouver un moyen de les contourner, et ce, *avant* même qu'ils ne surviennent. En relisant les actions que vous prévoyez accomplir, posez-vous les questions suivantes :

Qu'est-ce qui pourrait entraver mon chemin ?

De quoi ai-je peur ?

Que dois-je faire pour me mettre en position de réussir ?

Quand vous réfléchirez à ces questions, inscrivez les réponses dans votre journal. Puis, déterminez ce que vous devrez faire pour vous mettre en position de réussite et inscrivez ces démarches en tête de liste de votre plan d'action.

Voyons un exemple. Imaginons que vous aimeriez décorer votre maison à neuf pour que votre environnement quotidien soit plus réconfortant sur le plan spirituel. Votre liste en main, vous êtes prêt à passer à l'action. Mais en relisant cette liste, vous vous rendez compte que deux des obstacles que vous risquez de rencontrer sont le manque de temps et la peur de ne pas posséder le talent nécessaire pour réussir cette tâche. Par conséquent, pour vous mettre en position de réussir, vous ajoutez les actions suivantes en tête de votre liste :

1. Renoncer à une soirée de télévision ou de rencontres sociales par semaine et consacrer le temps ainsi libéré exclusivement à la réalisation de mon projet.

2. Acheter un bon livre sur la décoration intérieure pour voir si j'ai les compétences nécessaires pour m'attaquer à cette tâche.

Quand j'ai demandé à Victoria de songer aux obstacles qui pourraient se mettre en travers de son chemin, elle m'a répondu : « Je m'inquiète à propos de mon mari, car je ne sais pas s'il verra d'un bon œil que je voyage dans le cadre de mon travail. De plus, il me faudra trouver des services de garde pour s'occuper de mes adolescentes. ». Voilà des renseignements importants. Il est facile de voir en quoi ces deux obstacles potentiels pourraient empêcher Victoria de faire les importants changements qui feraient honneur à ses valeurs. Car le soutien de nos proches est la clé de notre réussite. Par conséquent, pour que Victoria se sente en mesure d'entreprendre ces changements, elle devra ajouter les deux étapes suivantes et les placer en tête de liste, tout en mettant de côté deux des étapes qu'elle avait originellement prévues.

1. Planifier une rencontre avec mon mari pour discuter de mes objectifs et des questions liées aux services de garde.

2. Demander à ma mère si elle accepterait de venir s'occuper

de mes filles.

En s'attaquant à ces deux questions en premier, Victoria a augmenté ses chances de mener sa démarche de changement à terme. Autrement, je vous garantis qu'elle aurait saboté ses réussites. Trop souvent, quand nous pensons aux moyens d'harmoniser nos vies avec nos valeurs, nous négligeons de nous attaquer aux besoins pressants qui importent le plus. En tenant compte des obstacles potentiels et en les intégrant à son plan d'action, Victoria a augmenté non seulement ses chances de réussite, mais aussi son sentiment d'enthousiasme et de motivation. Son nouveau plan d'action se présentait comme suit :

1. Planifier une rencontre avec mon mari pour discuter de mes objectifs et des questions liées aux services de garde.

2. Demander à ma mère si elle accepterait de venir s'occuper de mes filles.

3. Faire des recherches à la bibliothèque afin de trouver des emplois combinant voyages et langage.

4. Lire différents magazines traitant de voyages et de gastronomie afin de trouver des idées ainsi que des articles combinant ces deux aspects.

5. Communiquer par courrier électronique avec deux journalistes pour obtenir des renseignements qui me permettront de mieux explorer la possibilité d'être journaliste à la pige tout en voyageant.

Quand j'ai demandé à Debbie de songer aux obstacles potentiels à son projet de changement, elle m'a répondu qu'elle craignait de ne pas être assez solide physiquement pour y arriver. En effet, même si elle s'était complètement remise de sa maladie, elle se sentait toujours quelque peu vulnérable sur le plan émotionnel. Pour régler ce problème, je lui ai demandé ce qu'elle croyait devoir faire pour se prouver qu'elle était à la hauteur. Debbie m'a alors répondu qu'elle devrait travailler à l'amélioration de sa forme physique et qu'elle éprouvait le besoin de se faire dire qu'elle avait tout ce qu'il fallait pour atteindre ses objectifs.

Pour que Debbie puisse surmonter ces obstacles, je lui ai suggéré d'ajouter les deux points suivants en haut de sa liste de démarches à accomplir :

1. Rencontrer un entraîneur personnel afin de discuter de ma santé et entreprendre un programme d'exercices pour augmenter ma force musculaire.

2. Demander à trois amis de me téléphoner chaque semaine au cours du premier mois pour me rappeler que j'ai toutes les qualités requises pour atteindre mon objectif.

Cinq mois plus tard, j'ai reçu par courrier électronique un message enthousiaste de Debbie, me disant qu'elle avait enfin trouvé le courage de faire une demande d'emploi à deux importants centres de ski du Colorado, qui lui avaient tous deux fait une offre en retour ! Debbie est aujourd'hui monitrice de ski à part entière.

Passez à l'action ! Déterminez votre obstacle réel

Il importe de distinguer un obstacle réel d'un obstacle présumé. Souvent, nous utilisons des formules toutes faites pour nommer nos peurs et négligeons de déterminer avec précision nos inquiétudes réelles. Par exemple, ma cliente May disait vouloir devenir chef pâtissière et que son principal obstacle était la peur de l'échec. Voilà une réponse typique. En l'entendant, j'ai dit à May que l'échec ferait *à coup sûr* partie de sa démarche. Pour démontrer cette affirmation, je lui ai demandé s'il lui était déjà arrivé de confectionner quelque chose qui n'était pas tout à fait réussi. « Oui, m'a-t-elle alors répondu, c'est arrivé très souvent. »

« Et qu'avez-vous fait dans ces situations ? », ai-je poursuivi. « J'ai tout simplement recommencé jusqu'à ce que je réussisse », a été sa réponse. Et moi de dire : « Bon, alors vous savez très bien quoi faire en cas d'échec. Quel est le problème alors ? Qu'est-ce qui vous inquiète vraiment ? ».

May m'a alors avoué que sa vraie peur était que les gens n'aiment pas ses pâtisseries. Une fois encore, j'ai poussé la réflexion plus loin en lui demandant si elle avait déjà confectionné des pâtisseries pour sa famille ou ses amis. « Oui, a-t-elle répondu, et tout le monde a adoré. » À la blague, je lui ai ensuite demandé si ces personnes venaient toutes d'une autre planète et si elles étaient différentes des autres personnes normales. May s'est mise à rire, comprenant où je voulais en venir ; elle a alors commencé à réfléchir à ce qu'était son obstacle réel.

Sous la crainte qu'éprouvait confusément May face à son projet se cachait une préoccupation légitime et bien précise : la peur de ne pas posséder les connaissances nécessaires pour être une vraie chef pâtissière. Lorsqu'elle m'a avoué cette crainte, les larmes lui sont montées aux yeux, signe évident que nous avions touché la source réelle des obstacles qui pourraient entraver son chemin. La reconnaissance de cette vérité a constitué une première étape très importante pour May. Elle savait dorénavant où concentrer ses efforts et s'est rendu compte qu'elle avait tout simplement besoin de plus d'information sur son domaine de prédilection. Elle a donc ajouté la démarche suivante à son plan d'action : faire des recherches sur les écoles et les cours qui forment des chefs pâtissiers. Fait intéressant, le lendemain, elle a ramassé un dépliant annonçant qu'un atelier de pâtisserie française serait offert dans son quartier. Considérant cette coïncidence comme un signe divin, elle s'est immédiatement inscrite au cours.

Qu'est-ce qui vous préoccupe *vraiment* ? Retournez à la page

235 et voyez comment vous avez répondu aux questions sur les obstacles potentiels à votre projet. Puis, répondez dans votre journal aux questions suivantes :

– Ces obstacles sont-ils réels ou dissimulent-ils une autre peur ?

– Y a-t-il quelque chose qui se cache derrière vos préoccupations ?

– Qu'est-ce qui vous préoccupe vraiment ?

Inscrivez ici vos obstacles réels :

1.
2.
3.
4.
5.

Exercez votre courage nouvellement acquis

Il existe une variété d'obstacles potentiels qui peuvent empêcher les gens de faire ce qu'il faut pour centrer leur vie sur leurs valeurs. Et la peur arrive en tête de liste. Comme vous avez déjà commencé à muscler votre courage, cela ne devrait pas constituer pour vous une trop grande difficulté. Il est facile de croire que la peur que vous éprouvez au départ restera toujours en vous ou, pire, qu'elle augmentera avec le temps. Mais chaque fois que vous faites un pas dans la bonne direction, votre courage augmente. Voici une autre chose qu'il importe de savoir : l'enthousiasme neutralise la peur. Quand vous passez à l'action, chacune de vos réussites, grande ou petite, alimente votre enthousiasme en plus de vous inciter à persévérer et à réaliser d'autres objectifs encore plus ambitieux. Et cet enthousiasme vous permet de surmonter plus facilement tous les obstacles. Par exemple, si vous finissez par décider de retourner à l'école, vous constaterez probablement que l'enthousiasme que suscite en vous l'apprentissage de choses qui vous intéressent sera plus fort que votre peur de ne pas être capable de faire les nombreux travaux scolaires exigés.

Parfois, nous employons le mot « peur » pour désigner d'autres types d'obstacles. Par exemple, il arrive que la peur ne soit en réalité qu'un terme que nous utilisons quand nous disposons d'un nombre insuffisant de supporters – un réseau de gens qui croient en nous et soutiennent nos efforts. Quand ma cliente Katie a voulu quitter son emploi pour déménager dans une région plus chaude, elle m'a dit s'inquiéter à propos de quelques-uns de ses amis « réalistes » qui se faisaient un devoir de lui expliquer constamment pourquoi elle ne devrait pas abandonner sa maison. Il se trouve que presque chacun d'entre nous avons dans notre entourage un ou une pessimiste qui se fera un plaisir de démontrer pourquoi nos projets sont voués à l'échec. Ainsi, quand un client me fait part de ce type de préoccupations, je considère qu'il n'est tout simplement pas entouré d'un nombre suffisant de supporters.

Quand vous commencez à faire d'importants changements dans votre vie, les marques de soutien et les commentaires constructifs doivent abonder. Pour tous les projets, le début est le moment où vous vous sentez le plus vulnérable et c'est pourquoi, il vous faudra protéger vos aspirations en faisant délibérément savoir à votre entourage que vous ne souhaitez entendre que des commentaires positifs qui vous encouragent dans votre résolution. Si certains membres de votre famille ou amis proches ont une tendance rabat-joie, reportez-vous au chapitre quatre et inspirez-vous des conseils qui s'y trouvent afin de mieux vous affirmer. Ne perdez pas de temps à convaincre les sceptiques du bien-fondé de votre projet. Ces personnes ne cherchent que les conflits et ont tout intérêt à ce que les choses échouent en raison de leur fort penchant pour les situations dramatiques.

Laissez-moi vous donner un conseil que j'ai moi-même reçu il y a longtemps : *il ne faut pas aller à la quincaillerie pour acheter du lait*. En d'autres mots, ne fréquentez que les gens qui ont à cœur vos meilleurs intérêts. Grâce à vos supporters, vous aurez l'énergie et la motivation nécessaires pour changer votre vie. Maintenant que vous avez mis en place un cercle de soutien, cela ne devrait poser aucun problème.

Passez à l'action ! Obtenez les faits

Vous vous souviendrez peut-être que l'une des démarches projetées par Victoria était de communiquer avec des chroniqueurs dans le domaine des voyages et de la gastronomie pour obtenir plus d'information sur leur travail. Ce type de démarche est extrêmement utile quand on veut donner une nouvelle orientation à sa vie. Traditionnellement employé à la veille d'un changement d'emploi ou pour explorer d'autres possibilités de carrière, ce type d'entrevue vous aidera à obtenir des faits exacts et donc à contrer vos peurs, ainsi qu'à éviter les erreurs courantes. En obtenant de l'information auprès de personnes qui ont déjà accompli ce que vous cherchez à accomplir, qu'il s'agisse de déménager à l'autre bout du pays, de décorer votre maison à neuf ou de changer d'emploi, vous effectuerez votre démarche de changement sans trop d'anicroches.

Si vous êtes bien préparé à l'entrevue et que vous faites en sorte de ne pas accaparer votre interlocuteur pendant trop longtemps, vous constaterez que la plupart des gens accepteront avec plaisir de vous parler. Pour mieux vous préparer, je vous recommande de vous présenter à la rencontre avec des questions écrites. Voici des exemples de questions que vous pourriez poser :

1. Si je devais diviser ce processus de changement en trois étapes, quelles seraient ces étapes ?
2. De quel type de compétences aurai-je besoin pour accomplir ce changement ?

3. Où devrais-je investir mon temps et mon argent en premier ?
4. Où devrais-je éviter d'investir temps et argent ?
5. Si vous pouviez tout recommencer, que changeriez-vous ? Quelles sont les erreurs que je pourrais éviter de faire ?
6. Quels ont été vos meilleurs et vos pires moments ? Comment pourrais-je m'y préparer ?
7. Y a-t-il une autre personne à qui vous me conseillez de parler avant d'entreprendre cette démarche de changement ?

Quand mon client Sam a rencontré une personne qui avait déjà fait l'expérience d'un déménagement à l'autre bout du pays, cette personne lui a recommandé d'être bien certain de son choix en visitant l'endroit choisi au moins trois fois avant de prendre une décision. Ce conseil s'est révélé crucial. Lors de ses deux premières visites, Sam a vérifié la situation du marché de l'immobilier, les établissements scolaires et les autres détails pratiques et tous ces éléments étaient compatibles avec son plan. Toutefois, lors de sa troisième visite, il s'est rendu compte que la communauté dans laquelle il comptait s'intégrer était très peu ouverte aux nouveaux-venus et qu'il lui serait par conséquent difficile de s'intégrer à un milieu bien établi et plutôt fermé.

Quand ma cliente Martha a interviewé un décorateur d'intérieur pour discuter de son projet de refaire sa cuisine, elle a découvert qu'elle pourrait économiser de l'argent à long terme en engageant un professionnel qui l'aiderait à établir un plan préliminaire. Tout récemment, j'ai fait une entrevue qui m'a permis d'économiser plusieurs milliers de dollars ; en effet, j'ai découvert en discutant avec ma personne-ressource que j'étais sur le point d'entreprendre une démarche professionnelle inutile.

Après votre entrevue, vous disposerez d'une mine d'information à considérer. Prenez votre journal, puis asseyez-vous et posez-vous quelques questions, comme celles-ci :

1. Qu'est-ce que je pense de l'information reçue ? Est-ce que je veux toujours aller de l'avant ou est-ce que j'éprouve maintenant certaines réserves ?

2. Comment dois-je me préparer émotionnellement ? Physiquement ?

3. En considérant ce que j'ai appris jusqu'ici, y a-t-il un autre domaine ou une autre avenue que j'aimerais considérer ?

4. Ai-je besoin de parler à une autre personne ? Le cas échéant, à qui ?

Quand vous effectuez vos entrevues d'information, assurez-vous de vous munir d'une feuille de papier où vous inscrirez les démarches supplémentaires que vous pourriez avoir à entreprendre. Vous devrez ajouter ces démarches à votre plan d'action, ce qui vous sera très utile quand viendra le temps d'agir.

Une fois que vous aurez établi votre plan d'action, prévu et solutionné tous les obstacles possibles et réuni toute l'information dont vous avez besoin, il est temps de vous mettre en mouvement.

Passez à l'action ! Mettez votre plan à exécution !

Vos valeurs sont claires. Vous avez établi un plan d'action divisé en plusieurs étapes. Vous avez déterminé tous les obstacles potentiels et revu votre plan en conséquence. La prochaine étape est très simple : mettez-vous EN MOUVEMENT ! Premièrement, il vous faut créer une « zone d'action » en utilisant le modèle ci-dessous. Cette zone vous permettra de mesurer vos progrès. Inscrivez votre plan d'action dans cette section. Puis, à côté de chaque démarche, indiquez une « date de début », que vous n'oublierez pas de transmettre à votre partenaire ou à votre groupe. Gardez à l'esprit que l'obligation de rendre des comptes et les échéances sont vos alliées.

Inscrivez votre plan d'action comme suit :

Actions	*Date de début*	*Info/actions supp.*	*Date de réalisation*
1.			
2.			
3.			
4.			
5.			

À mesure que vous réalisez chacune de vos démarches, pointez-la ou inscrivez tous les renseignements que vous avez appris et qui faciliteront l'exécution de l'étape suivante. Par exemple, si vous souhaitez nouer une relation amoureuse et que vous entendez parler d'une intéressante soirée pour célibataires, mettez votre plan d'action à jour en inscrivant ces renseignements dans la zone d'action de votre journal. Votre plan ainsi renouvelé pourra contenir une combinaison d'éléments provenant de votre séance de remue-méninges, d'idées recueillies lors de vos entrevues d'information et d'indications sur les choses que vous avez apprises en cours de route. Cette information vous permettra d'établir vos cinq actions suivantes et de poursuivre votre démarche.

Ce processus n'a rien de sorcier. Une fois déterminées les démarches à entreprendre, c'est leur réalisation qui pose habituellement problème. Il importe donc de prendre l'habitude de réévaluer vos actions à intervalles réguliers et de mettre votre plan à jour. Pour ce faire, je vous recommande de choisir un jour par semaine où vous vous assoirez tranquillement pour passer en revue la zone d'action de votre journal et pour évaluer les résultats de la semaine. Vous devriez toujours prévoir à votre agenda des moments pour effectuer ce type d'évaluations. De plus, cette habitude a l'avantage de vous permettre de constater les fruits de votre travail. En pointant et en évaluant vos progrès de façon régulière, vous demeurerez motivé dans la poursuite votre démarche.

Engagez-vous à accomplir au moins une action par semaine. Si vous êtes très occupé, ne vous laissez pas arrêter sous prétexte que vous manquez de temps ! Divisez chacune des étapes de votre plan en actions plus simples. Par exemple, si vous n'avez pas le temps de suivre un cours de décoration intérieure, achetez un livre et étudiez le sujet par vous-même. L'important est de faire tout ce que vous pouvez pour centrer votre vie de plus en plus sur vos valeurs.

Quand vous décidez de faire des changements dans votre vie, il est normal d'éprouver certaines craintes et hésitations. Y arriverai-je ? Ces changements sont-ils vraiment ceux dont j'ai besoin ? Vais-je regretter mes choix après coup ? Ces questions sont caractéristiques du sentiment de doute qui nous envahit quand nous décidons de passer à l'action dans le but d'être en harmonie avec nos valeurs. Faites appel à votre partenaire ou à votre groupe de soutien, qui vous guideront dans ces moments troubles. N'oubliez pas que dès que vous commencerez à agir, l'enthousiasme que vous ressentirez neutralisera vos peurs et maintiendra votre motivation.

Voici quelques autres petits rappels : quand vous n'arrivez plus à avancer, c'est le signe que vous devez demander de l'aide. C'est une excellente habitude à prendre. Demandez conseil dès que vous remarquez que la poussière s'accumule sur la zone d'action de votre journal. Et n'oubliez jamais que tout obstacle peut être surmonté avec l'aide des autres. Attendez-vous également à faire des erreurs, beaucoup d'erreurs. En effet, le processus de croissance que vous avez entrepris s'échelonne sur toute la vie et évolue avec le temps. Ne soyez pas dur avec vous-même. Chaque fois que nous nous lançons dans un périple d'envergure tel que celui-là, il est normal de s'écarter de temps à autre de notre trajectoire. Faites en sorte que vos erreurs vous guident pour les étapes suivantes.

Enfin, quand vous commencez à centrer votre vie sur vos valeurs, vous vous attirez un soutien d'ordre divin. C'est comme si vous vous mettiez en synchronie avec l'univers. Soudain, des portes se mettent à s'ouvrir devant vous. Un exemple frappant de ce phénomène me vient à l'esprit. Quand je travaillais à l'une des émissions *Reprenez votre vie en main*, j'ai collaboré avec une femme que j'appellerai Paula, qui rêvait de lancer sa propre entreprise de traiteur. Or, Paula disait éprouver de la difficulté à démarrer son commerce, car elle avait besoin d'une cuisine commerciale comportant suffisamment d'espace pour préparer d'importantes quantités de nourriture. Lors d'une séance de remue-méninges, on lui a suggéré de chercher à emprunter un local commercial, par exemple un restaurant ou une boulangerie des environs. Décidée à mettre cette idée à profit, Paula a visité un parc de quartier non loin de chez elle – qui offrait des activités récréatives aux enfants pendant l'été. Une fois à l'intérieur, elle a remarqué une grande cuisine commerciale, et sans trop y croire, a demandé s'il était possible de l'utiliser.

Les responsables du parc de quartier ont non seulement accepté de laisser Paula utiliser leur local, mais ils lui ont permis de le faire gratuitement en échange d'un cours de cuisine donné aux enfants. Ils ont même offert de laisser ses élèves l'aider à cuisiner ! Paula n'en revenait pas. N'ayant plus d'excuses, elle était prête à se lancer.

Les signes abondent autour de nous. Tout ce qu'il faut, c'est porter attention – il peut s'agir d'une intuition nous incitant à téléphoner à une certaine personne, d'une suggestion inattendue donnée lors d'une séance de remue-méninges ou d'une idée géniale rencontrée dans un magazine. Laissez-vous inspirer par ces signes. Ils constituent en fait des ouvertures divines sur les étapes suivantes de votre démarche !

Ressources

Livres

Think and Grow Rich, par Napoleon Hill (Renaissance Books, 2001).

Un classique qui changera votre vie.

Sites Web

www.monster.co.uk/Australia: www.monster.com.au

Un site complet qui offre de judicieux conseils en matière de carrière et de nombreuses possibilités d'emploi.

http://uk.careers.yahoo.com

Ce site offre une mine d'information et de conseils – possibilités d'emploi dans votre région, conseils sur la façon de vous présenter à une entrevue, etc.

CHAPITRE HUIT

Voyez les choses en grand

LE FAIT DE VIVRE UNE VIE RICHE ET PLEINE DE SENS finit par susciter le besoin et créer la capacité de faire une plus grande contribution au monde qui nous entoure. S'il y a quelque chose que j'ai appris au cours des dix dernières années, c'est que rien ne surpasse cette expérience profondément satisfaisante qu'est la mise à profit de ses propres talents pour améliorer la situation du monde d'une façon ou d'une autre. Qu'il s'agisse de lutter contre la faim dans le monde, d'élever un enfant pour qu'il devienne un adulte hautement intègre et droit ou de traiter tous les gens que vous rencontrez avec dignité et courtoisie, le rôle que vous jouez pour rendre le monde meilleur est important.

Aujourd'hui plus que jamais, la plupart d'entre nous comprenons que nous faisons partie d'une communauté mondiale. Chacun et chacune d'entre nous avons la responsabilité de demeurer conscients de ce lien global et de faire honneur à la dignité de tous les êtres humains. Comme vous l'avez déjà appris en suivant le présent programme, la meilleure façon de faire une différence dans le monde est de faire d'abord une différence dans sa propre vie. En accomplissant le travail suggéré dans le présent livre, vous avez acquis le courage, la confiance et la force de caractère nécessaires non seulement pour mener une vie en accord avec vos valeurs, mais aussi pour faire un apport positif à votre monde. Vous avez amorcé la réalisation de votre mission divine et vous êtes maintenant prêt à entreprendre l'étape la plus importante.

Il y a dix ans, mon premier coach m'a posé une question qui m'a incitée à réfléchir au-delà de mes objectifs individuels pour déterminer de quelle façon je pourrais arriver à voir plus grand. Il m'a dit : « Cheryl, maintenant que tu as entrepris une réflexion sur tes valeurs et sur le travail que tu aimerais accomplir dans la vie, que voudrais-tu apporter à tes semblables ? ». Ma réponse a été immédiate : « Je veux que les gens sachent qu'ils peuvent choisir la façon dont ils mènent leur vie. ».

Après avoir écouté ma réponse, il m'a demandé d'être plus précise. « De quoi les gens ont-ils besoin pour savoir quels sont leurs choix ? », a-t-il alors demandé. « Eh bien, ai-je répondu, ils ont besoin de reprendre possession de leur pouvoir. Je veux que les gens sentent qu'ils ont le pouvoir de faire des choix qui leur permettront de vivre la vie à laquelle ils aspirent par-dessus tout. »

Une fois que j'ai pris conscience de ce que je voulais pour les autres et de ce dont les gens avaient besoin pour faire des choix dans leur vie, j'étais prête à songer aux façons dont je pourrais rendre service. Qu'avais-je à offrir pour aider mes semblables à sentir qu'ils ont le pouvoir de faire les démarches nécessaires à l'amélioration de leur qualité de vie ? La réponse à cette question était facile. J'avais toujours cru en l'importance d'offrir des outils simples et pratiques pouvant aider les gens à réaliser des changements à leur mesure avec joie et aisance. À partir de cette idée, j'ai élaboré un énoncé de vision qui guide encore mon travail aujourd'hui : « Je veux que les gens bénéficient des outils pratiques et des ressources dont ils ont besoin pour mener une vie authentique et riche. ».

Lorsque vous adoptez une vision plus large de votre vie, vous prenez consciemment la décision de penser plus loin que vous-même. Vous vous préoccupez moins de votre gain personnel et vous intéressez davantage aux façons dont les autres pourraient bénéficier de vos actions. Cela ne veut pas dire que vous tombez dans l'abnégation ou que vous cessez de vous occuper de vos propres besoins. Au contraire, il est impératif que vous preniez bien soin de vous-même pour que votre générosité jaillisse d'une intention pure, saine et désintéressée. C'est à ce moment-là que le service aux autres devient une expérience sacrée.

Quand vous faites le choix de rendre service aux autres, vous acquerrez le courage et la détermination qui alimenteront vos efforts. Fort d'une vision claire de votre vie, vous vous laissez moins atteindre par vos peurs individuelles ou par le doute et vous engagez encore plus fermement à réaliser les démarches qui soutiendront cette vision. Par exemple, quand le frère de mon client Rich est décédé des suites d'une surdose de drogue, ce dernier a dû surmonter l'une de ses plus grandes peurs. Jeune homme timide et introverti, il a été anéanti par ce décès. Plusieurs mois après le triste événement, il a été invité par l'association étudiante de son école secondaire à faire un exposé sur l'expérience qu'il avait vécue à la suite de la mort de son frère et sur les dangers de la drogue. Même si Rich avait très peur de s'exprimer en public, il tenait par-dessus tout à aider d'autres familles à éviter la tragédie que sa famille venait de traverser. Ainsi, sa vision plus large des choses lui a permis de surmonter sa peur.

Passez à l'action ! Ayez une vison plus large de votre vie

Pour avoir une vision plus large de votre vie, il vous faut déterminer comment *vous* souhaiteriez améliorer l'existence des autres. Si vous pouviez offrir un présent aux habitants de la Terre, quel serait-il ? Si vous pouviez guérir le monde d'une maladie, de quelle maladie s'agirait-il ? Si vous pouviez apporter une contribution aux membres de votre communauté, en quoi consisterait votre apport ? Que souhaitez-vous pour les autres ?

Prenez bien le temps de réfléchir à ces questions et répondez avec précision. Utilisez votre journal pour explorer et consigner vos réponses.

1. Qu'est-ce que je souhaite aux autres ?
2. De quoi auraient-ils besoin pour l'obtenir ?
3. Comment pourrais-je les aider à répondre à ces besoins ?

Pour répondre à la dernière question, gardez à l'esprit vos quatre valeurs fondamentales. Comment pourriez-vous mettre une ou plusieurs de vos valeurs fondamentales au service de votre vision ? Quand vos valeurs et votre mode de contribution sont en harmonie, vous donnez lieu à une puissante énergie divine.

Une fois que vous avez apporté une réponse aux questions ci-dessus, formulez un énoncé de vision en une phrase succincte au ton direct et énergique. Inscrivez votre vision ici :

Ce que je souhaite pour les gens :

Votre vision peut changer au fil du temps. N'hésitez pas à la revoir et à y apporter les modifications et les raffinements nécessaires. Puis, choisissez-vous un puissant rappel visuel, en accord avec vos préférences personnelles. Vous pouvez par exemple placer une image colorée ou un message sur l'économiseur d'écran de votre ordinateur. Aussi simple soit-elle, cette vision vous aidera à faire des miracles, autant dans votre vie que dans celle des autres.

Quand vous prenez la décision d'investir dans votre croissance personnelle, vous attirez à vous une puissance divine qui vous soutiendra dans vos efforts. Cette même force vous ouvrira des portes quand vous commencerez à actualiser la vison que vous avez tracée pour votre vie. Une fois que vous avez clarifié ce que vous souhaitez pour les autres et que vous vous mettez à faire les démarches pour faire de ce souhait une réalité, c'est comme si vous vous immergiez dans une rivière dont le courant vous mènera tout doucement là où vous voulez aller. Mon ami Andrew sait exactement de quoi il s'agit. Voici son histoire.

En 1989, Andrew Carroll bûchait dur pour terminer sa première année d'université. Il avait de grands projets pour sa vie. Il voulait obtenir un diplôme en études anglaises et se rendre à Los Angeles pour devenir producteur de cinéma. Son but premier était clair : il désirait gagner beaucoup d'argent.

La même année, juste avant Noël, pendant qu'il préparait ses examens de fin d'année, il a reçu un coup de téléphone de son père, qui lui a annoncé une triste nouvelle : un incendie avait complètement rasé la maison familiale de Washington D.C. Tout ce que possédait sa famille avait été détruit par les flammes.

Quand il a reçu la nouvelle, Andrew s'est rendu compte avec étonnement que même s'il s'était procuré au fil des ans de nombreux biens matériels comme des disques compacts, des vêtements et des livres, ce qui l'attristait le plus était la perte des lettres d'amis et de membres de sa famille qu'il avait accumulées. Elles étaient irremplaçables.

Cette dure expérience a été pour Andrew le point de départ d'un cheminement spirituel qui lui a ouvert le cœur. Il s'est mis à réévaluer sérieusement le cours de sa vie. Était-il si important de gagner de l'argent ? Passait-il suffisamment de temps avec sa famille et ses amis ? En quoi ses ambitions professionnelles allaient-elles avoir un impact positif sur la vie des autres ?

À son retour à l'école, Andrew a décidé de faire du bénévolat dans un foyer pour personnes itinérantes. Là, il a lancé un projet appelé : « Un Noël meilleur » à l'intention des familles sans abri. Il a fait appel aux membres de sa communauté pour qu'ils fassent don de jouets, de livres et d'autres articles utiles. Sa communauté a généreusement répondu à son appel, et Andrew a reçu beaucoup plus de choses qu'il ne l'avait imaginé. Quand il m'a raconté cette histoire, il a dit : « Quand j'ai vu déferler les dons, je n'en revenais pas de la générosité des gens. C'était absolument extraordinaire de se sentir capable de rallier toute une communauté afin d'aider des personnes dans le besoin. ». Voyant à quel point il était facile de faire une grande différence dans la vie des gens, Andrew s'est arrêté pour se demander comment il pourrait combiner ses *valeurs* et sa *vision*.

Partant du sentiment de tristesse que lui avait causé la perte de ses lettres, Andrew a entrepris une démarche de sensibilisation et d'éducation pour faire prendre conscience aux gens de l'importance de communiquer avec les êtres chers par l'écriture. C'est ainsi qu'il a lancé le « Legacy Project », qui consistait à collectionner des lettres importantes du point de vue historique et de les rendre publiques. Après que sa demande de lettres eut paru dans le journal dans le cadre de la populaire chronique *Dear Abby*, Andrew a reçu plus de 50 000 réponses !

Sa prochaine étape allait exiger un véritable don de soi. La plupart des lettres qu'il avait reçues avaient été écrites en temps de guerre. Pendant les trois années suivantes, il a rassemblé les plus touchantes d'entre elles, qui provenaient d'un peu partout dans le monde, dans l'intention de les publier dans un livre. Profondément remué par ces poignants récits, il voulait faire comprendre aux lecteurs à quel point la guerre pouvait bouleverser des vies. Et il désirait montrer comment les lettres pouvaient servir à guérir, à inspirer, à susciter de l'espoir et à exprimer de l'amour.

En mai 2001, il a publié certaines des plus inspirantes de ces lettres dans un livre intitulé *War Letters* et a fait don de toutes les recettes issues des ventes et des droits d'auteur à des groupements sans but lucratif qui soutiennent des initiatives de paix de même qu'à des groupes de vétérans d'un peu partout dans le monde.

Quand j'ai demandé à Andrew comment une démarche qui était au départ personnelle avait pris une envergure mondiale, voici ce qu'il m'a répondu : « Ce qui était au départ un désir de venir en aide à ma communauté, s'est transformé en une vision beaucoup plus large : une campagne internationale d'éducation sur l'importance de maintenir des liens épistolaires avec nos proches. Je n'ai jamais eu de « plan d'ensemble ». C'était merveilleux. Plus je travaillais dur, plus des portes s'ouvraient pour me permettre de mieux transmettre mon message au monde. En maintenant le cap sur ma vision ainsi qu' en accomplissant un travail spirituel et émotionnel qui me satisfaisait, mon projet a pris forme de lui-même et toute ma démarche a semblé couler de source. ».

Le livre d'Andrew s'est non seulement retrouvé sur la liste des best-sellers du *New York Times*, mais il a également fait l'objet d'un documentaire sur la chaîne PBS. Au moment où j'écris ces lignes, la version en livre-audio de *War Letters* vient de recevoir une nomination pour un prix Grammy. En plus, si Andrew avait cru laisser derrière lui sa carrière cinématographique, l'univers avait pour lui des projets différents. En effet, il travaille présentement au sein du très réputé Sundance Institute Theater Program à l'élaboration d'un film inspiré de son livre.

Les valeurs d'Andrew, fondées sur la « communauté » et la « famille », ont changé la vie de bien des gens. Son travail a non seulement contribué au mieux-être de certains vétérans et de familles affectées par la guerre, mais il nous touche tous et toutes, car il souligne la force de l'esprit humain et sa capacité de survivre aux pires épreuves et aux situations les plus inimaginables. Si vous désirez en savoir davantage sur le Legacy

Project (et faire parvenir vos lettres), visitez son site Web à *www.warletters.com.*

Concrétisez votre vision

Une fois que vous avez déterminé votre vision, il est temps de vous investir corps et âme dans sa réalisation en l'harmonisant avec vos valeurs et en établissant un plan d'action. Vous n'avez besoin ni d'un plan parfait, ni d'une idée à tout casser, mais vous devez simplement passer à l'action. Pour ce faire, choisissez un projet – compatible avec vos valeurs – qui vous permettra d'exprimer pleinement votre vision. L'ampleur de ce projet importe peu. Prenons l'exemple de ma cliente Ashley, qui aime beaucoup la nature. L'énoncé de vision qu'elle a élaboré au départ se lisait comme suit :

« Je veux que les gens vivent dans un monde propre et sain. »

Pour concrétiser cette vision, Ashley a élaboré un projet tout simple : chaque jour, quand elle fait sa promenade matinale, elle emporte un sac et ramasse les détritus qui traînent par terre le long de son trajet. Ce projet, qu'elle a baptisé « Opération nettoyage », constitue sa façon de contribuer à l'amélioration de son environnement. Ses amis connaissent l'existence de ce projet et quand ils accompagnent Ashley lors de ses promenades, ils doivent eux aussi se munir d'un sac !

Passez à l'action ! Créez un projet qui se fonde sur vos valeurs

Concrétisez votre énoncé de valeurs en songeant aux actions que vous aimeriez réaliser afin d'actualiser votre vision. Si vous ne savez pas trop dans quelle direction aller, demandez à votre partenaire ou à votre groupe « Reprenez votre vie en main » de vous donner des idées. Faites part aux membres du groupe de votre énoncé de vision et de vos valeurs fondamentales. Vous pourriez même faire une séance de remue-méninges pour obtenir une variété d'idées.

Voici comment procéder :

1. Décidez d'un projet.
2. Donnez un nom à votre projet.
3. Utilisez la démarche en trois étapes expliquée au chapitre sept (page 227) afin d'élaborer un plan d'action.

Voici ces trois étapes :
– Faites un remue-méninges afin d'établir un plan d'action.
– Devancez et surmontez tous les obstacles.
– Agissez.

Commencez par faire de petits pas. N'essayez pas de faire les choses parfaitement et bornez-vous à agir. Pour vous inspirer, voyons quelques exemples de personnes qui arrivent à faire une différence en utilisant leurs valeurs à bon escient.

Lorraine White a grandi sans modèles de rôles positifs dans sa vie. Élevée dans un environnement hautement stressant, elle a eu beaucoup de difficulté à traverser ses années d'enfance et d'adolescence. À l'âge de trente ans, elle a fait appel a un thérapeute compétent en raison de problèmes matrimoniaux. Elle a alors vécu une expérience qui a eu un profond impact sur sa vie. En effet, le thérapeute est devenu pour Lorraine un miroir aimant qui lui renvoyait l'image de ses plus grands talents et qualités. À la suite de cette expérience déterminante, Lorraine a voulu procurer aux autres le même type de soutien. Son idée était simple : au lieu d'attendre de devenir adulte pour pouvoir enfin bénéficier des modèles positifs dont ils ont tous besoin, les gens devraient profiter de ces modèles dès l'enfance.

Guidée par sa principale valeur, l'amour, Lorraine a mis sur pied « Future Possibilities », une organisation sans but lucratif qui offre aux enfants des services de *coaching* et des activités parascolaires. L'organisme compte plus de 300 coaches qui travaillent avec les enfants en séances individuelles afin de les aider à acquérir la confiance et l'estime de soi nécessaire pour accéder à l'âge adulte dotés d'une bonne force de caractère. Au cours des huit dernières années, plus de 250 entreprises se sont associées à *Future Possibilities* pour offrir à des enfants de partout aux États-Unis et au Canada des programmes de formation en dynamique de la vie. Au moment où j'écris ces lignes, l'organisme est en pleine expansion et étend sa présence à d'autres pays du monde. Vous pouvez en savoir davantage sur *Future Possibilities* en visitant le *www.futurepossibilities.org*.

Alors que le projet de Lorraine acquiert peu à peu une envergure mondiale, celui de Kevin se concentre sur sa ville natale. Kevin a trouvé un moyen facile de partager avec ses semblables sa principale valeur, qui est la beauté. Kevin adore jardiner et, chaque année, il fait pousser dans sa cour des centaines de tulipes. Au cours de la période de floraison, il visite son jardin tous les après-midi, coupe quelques tulipes et les offre aux personnes qui passent par là. Il étend les fleurs coupées sur la haie-clôture qui entoure son jardin et invite les passants à en prendre autant qu'ils veulent. Ces tulipes constituent sa façon d'ajouter de la beauté à la vie des gens.

Alan Clements a trouvé une façon créative d'exprimer sa valeur privilégiée, qui est la liberté. Au début des années 1970, Alan a refusé une bourse complète qui lui aurait permis d'étudier le droit à l'Université de la Virginie et s'est plutôt inscrit à la première université bouddhiste des États-Unis, située à Boulder, au Colorado. Il a ensuite vécu presque dix ans en Birmanie afin d'étudier la méditation, pour finalement devenir moine bouddhiste. Quand Alan a été forcé par l'arrivée au pouvoir de la junte militaire de quitter sa famille spirituelle, ce qui avait commencé comme une quête personnelle de liberté, s'est transformé en une campagne pour la justice.

Alan s'est alors engagé dans une campagne pour faire connaître au monde entier la lutte non violente du peuple birman pour reconquérir sa liberté. Il a publié plusieurs livres dont *The Voice of Hope* avec Aung San Suu Kyi – leader élue du mouvement démocratique Birman qui est également lauréate du prix Nobel. Depuis lors, son appui à la Birmanie s'est transformé en une campagne internationale pour la défense des droits de la personne. Alan a aussi trouvé un nouveau moyen de transmettre au monde son message de liberté et de paix : il a monté un spectacle solo intitulé *Spiritually Incorrect*. Regorgeant de récits personnels et illustrant sa philosophie de vie, ce spectacle basé sur l'improvisation est un appel à l'action. Alan met son auditoire au défi de faire preuve de plus de compassion et d'amour face aux autres êtres humains de la planète. Si vous voulez en apprendre davantage sur son travail, visitez le *www.worlddharma.com*.

Que vous décidiez de vous lancer en politique, de mettre sur pied un programme de recyclage de déchets dans votre quartier, de visiter régulièrement une résidence pour personnes âgées afin de faire la lecture aux pensionnaires ou de créer une fondation, votre contribution est importante. Démarrez votre projet sans tarder !

Soutenez les réussites des autres

Il existe une autre façon d'œuvrer au bien de l'humanité en mettant à profit vos aptitudes nouvellement acquises : soutenir les réussites des autres. Maintenant que vous avez saisi l'importance d'exprimer votre pouvoir et de préserver vos rêves, le fait d'aider les autres à faire de même constitue l'étape suivante. Par exemple, vous pourriez inciter gentiment vos proches à cesser de dissimuler leur pouvoir ou encourager un membre de votre famille à réaliser un rêve qui lui tient à cœur. Vous pourriez même jouer au jeu « affronte ta peur » avec un ami qui a besoin de muscler son courage.

Voici certaines autres choses que vous pourriez faire :

– Offrez votre aide. Soutenez les rêves et les aspirations des autres en offrant votre participation à une séance de remue-méninges ou en fournissant des services et des ressources utiles.

– Insistez sur les points forts des gens. Quand un ami, un membre de votre famille ou un collègue a le courage de vous faire part d'un souhait ou d'un désir profond, insistez sur les points forts de son projet et sur les qualités qui lui permettront de transformer son rêve en réalité. Évitez de faire des critiques ou des commentaires négatifs. Attardez-vous à ce qui fonctionne plutôt qu'aux obstacles potentiels.

– Éliminez tous les commentaires sarcastiques ou moqueurs de votre vocabulaire. Apprenez à rechercher et à reconnaître les forces et les talents des autres.

– Agissez comme un grand frère ou une grande sœur.

– Refusez de vous prêter à quels que commérages que ce soit.

– Transformez la teneur de vos conversations : cessez de parler de souffrances et insistez sur les réussites. Par exemple, quand vous visitez des amis, parlez de ce qui va bien dans votre vie et encouragez les autres à faire de même.

– Créez un groupe « Reprenez votre vie en main ».

– Agissez à titre de mentor auprès d'un collègue plein d'avenir.

– Servez de guide auprès d'un adolescent ou d'un étudiant de collège qui a décidé de suivre le programme expliqué dans le présent livre.

Je me souviens encore d'Helen Chen, qui avait évalué le premier exposé que j'avais fait en public lors d'une réunion des *Toastmasters*, il y a près de quinze ans. Et je ne l'ai pas oubliée pour une bonne raison : elle a constitué une puissante influence positive dans ma vie. Vous pouvez *vous aussi* avoir ce type d'influence dans la vie de quelqu'un. Maintenant que vous savez que tout ce que vous dites et faites pourrait avoir un énorme impact positif sur l'avenir d'une personne qui vous est proche, en quoi modifierez-vous votre comportement ?

Passez à l'action ! Donnez du courage à quelqu'un

Prenez la décision consciente d'aider une personne. Choisissez cette personne et inscrivez son nom ici :

Puis, demandez-vous de quelle façon vous allez aider cette personne. Notez ici trois choses que vous pourriez faire en indiquant à côté la date à laquelle vous comptez réaliser chacune d'entre elles. Et n'oubliez pas de les inscrire à votre calendrier !

1.
2.
3.

Passez un peu plus de temps avec un collègue qui aurait bien besoin de votre aide pour un projet difficile. Assurez-vous chaque jour de féliciter un membre de votre famille ou un ami pour l'un de ses bons coups. Vous pouvez aussi vous lier d'amitié avec un voisin âgé qui vit seul en vous arrêtant pour dire bonjour ou en proposant de faire quelques menus travaux comme le changement d'une ampoule électrique ou l'achat de provisions à l'épicerie. Je sais que la plupart d'entre nous avons des vies très occupées, mais il ne faut pas pour autant perdre de vue ce qui importe vraiment, c'est-à-dire notre lien avec nos semblables.

En plus de se soutenir mutuellement dans nos succès et notre recherche de bien-être, la meilleure façon de créer un avenir où tous les êtres humains peuvent réaliser leur plein potentiel est d'investir dans la croissance personnelle et spirituelle de nos enfants. En utilisant nos aptitudes pour exercer une influence positive sur la vie des jeunes générations, nous contribuerons à créer un monde plus paisible et plus durable. Voyons certaines méthodes pratiques qui pourraient nous permettre de faire une réelle différence dans la vie de nos enfants.

Aider nos enfants à prendre possession de leur pouvoir

L'une des contributions les plus importantes que nous puissions faire au monde est d'encourager nos enfants à vivre leur propre vie. Vous pouvez y arriver en leur transmettant par l'exemple les aptitudes que vous avez acquises grâce au présent programme ainsi qu'en les aidant à acquérir de la confiance en eux et une bonne estime de soi.

Que vous soyez un parent, une tante, un oncle, un professeur, une grand-mère ou un grand-père, il vous faut prendre davantage conscience des règles que vous appliquez. Vous pourriez commencer par adopter celles auxquelles j'ai fait référence en introduction. Pour vous rafraîchir la mémoire, les voici :

Ne t'excuse pas si tu n'as rien fait de mal.
Fais toi voir *et* entendre.
Sois courageux.
Vois les choses en grand.
Sois enthousiaste.
Sois fier de qui tu es et de ce que tu sais.

Sois ambitieux.
Maintiens tes attentes à un niveau élevé.
Ne sois pas modeste.
Vas-y fonce !

Chaque jour, de menues façons, nous avons l'occasion d'encourager l'application de ces nouvelles règles. Ma sœur Donna insiste sur les règles « ne sois pas modeste » et « sois enthousiaste » avec ses deux fils Tommy et John. À l'occasion d'un de nos repas de Noël en famille, Donna a fièrement annoncé que Tommy avait obtenu des résultats exceptionnels à l'école. Lorsqu'il a rougi de gêne et a tenté d'aller se cacher, Donna l'a encouragé à être fier de lui-même et à accepter les félicitations. Elle lui a dit qu'il avait travaillé trop fort pour passer cette réussite sous silence.

Songez aux nouvelles règles que vous appliquerez auprès des enfants de votre entourage. Si vous êtes un parent, vous pourriez discuter de ces règles avec votre famille afin de déterminer tous ensemble des moyens de les intégrer à votre vie. Si vous n'êtes pas parent, faites un effort particulier pour soutenir les mères et les pères qui consacrent leur temps et leur énergie à la carrière la plus sacrée qui soit. Aujourd'hui plus que jamais auparavant, les parents doivent faire des miracles pour élever des enfants, dans un monde où on ne peut plus se promener à bicyclette seul en toute sécurité et où des milliers d'enfants font l'école buissonnière tous les jours afin d'éviter de se faire harceler ou agresser. La plupart des parents passent d'innombrables heures à essayer de soutenir et d'encourager leurs enfants en dépit de l'influence des camarades de classe, de la télévision et de la société. Quand je regarde ces hommes et ces femmes consacrer leur vie à l'éducation d'enfants sains, je suis émue par cet engagement de tous les instants. Comme je l'ai appris de mes frères et sœurs, il n'y a rien de plus difficile ni de plus satisfaisant que d'élever un enfant.

L'éducation des enfants suppose de façon inhérente une vision plus large. Par exemple, ma sœur Michelle considère son travail de mère comme la plus grande contribution qu'elle puisse faire au monde. Dès son jeune âge, Michelle savait clairement quelle était sa mission dans la vie : elle voulait fonder une famille. Après avoir terminé ses études secondaires, elle a fait des études en développement de l'enfance, puis elle est tombée amoureuse et s'est mariée. Son mari Mark et elle ont aujourd'hui trois petits enfants et Michelle se passionne pour son rôle de mère.

Lors d'une conversation que j'aie eue avec Michelle sur la vision plus large qu'elle avait de sa vie, elle m'a dit la chose suivante : « Je me suis engagée à élever trois enfants pour qu'ils vivent leur vie avec courage et intégrité. Je veux qu'ils aient confiance en eux et soient sûrs d'eux-mêmes et je veux que leur entourage sache qu'ils sont dignes de confiance parce qu'ils tiennent toujours parole. Mon travail consiste à protéger leurs petites âmes et à les encourager à voir la vie avec leurs propres yeux au lieu d'adopter le regard des autres. Si je peux y arriver, j'aurai mis au monde trois adultes aimants et pleins de compassion. ».

Quand j'ai demandé à Michelle quelle était la chose la plus importante qu'elle accomplissait pour faire honneur à sa vision, voici ce qu'elle m'a répondu : « Quand je suis devenue parent, tous mes défauts et mes problèmes non résolus sont remontés à la surface. Parce que je voulais être le meilleur parent possible, j'ai décidé d'y faire face. Pour moi, il est clair que la plus grande contribution que je puisse faire à mes enfants est de mener sans relâche mon propre travail de guérison intérieure. Ce faisant, je prends davantage conscience des croyances et des comportements sains que je souhaite leur transmettre. ».

Après m'être entretenue avec plusieurs parents, j'aimerais présenter ici diverses façons dont vous pourriez influencer vos enfants dans la bonne direction. Voici ces exemples :

– Protégez la sensibilité et le courage de votre enfant (qualités qui sont souvent passées sous silence dans notre société) en lui enseignant par l'exemple l'importance d'établir des limites saines.

– Enseignez aux enfants l'autodiscipline et la patience en les encourageant à s'arrêter et à évaluer la situation avant de réagir devant une difficulté. Cela les aidera à prendre conscience des répercussions que leurs actions peuvent avoir sur les autres.

– Aidez les enfants à établir une relation soutenue avec une puissance supérieure. Instituez un rituel quotidien ou hebdomadaire qui introduit dans la vie de vos enfants les croyances spirituelles de votre famille. Par exemple, vous pourriez les encourager à installer un espace sacré dans leur chambre ou à composer leurs propres prières.

– Enseignez aux enfants à voir leurs erreurs comme des outils de réussite. Vous pouvez les aider à mieux accepter leurs erreurs en leur montrant à établir une relation avec leur allié intérieur par le dialogue, le jeu de rôles ou le dessin.

– Montrez à vos enfants à faire confiance à leurs émotions en les encourageant à prendre conscience de ce qu'ils ressentent et à en parler.

– Aidez vos enfants à acquérir le courage de voir le monde à travers leurs propres yeux et non ceux des autres. Un jour, Justine, la fille de Michelle, est rentrée à la maison toute bouleversée parce que deux de ses camarades de classe s'étaient moquées de sa robe préférée. Par la suite, elle a décidé de ne plus porter cette robe. Michelle a alors demandé à sa fille de fermer les yeux, puis de penser à comment *elle* trouvait cette robe. La petite a répondu : « J'adore cette robe.

Je la trouve très belle. ». Michelle a ensuite dit à Justine que c'était son opinion à *elle* qui importait avant tout. Et Justines'est remise à porter le vêtement.

– Enseignez aux enfants l'importance d'apporter une contribution et de rendre service aux autres. Vous pouvez les encourager à faire don de leurs jouets à un foyer d'accueil du quartier ou les emmener avec vous quand vous faites du bénévolat à une soupe populaire.

– Reconnaissez leurs forces et faites régulièrement mentionde leurs qualités uniques. Vous pouvez jouer à un jeu : vous soulignez une fois par jour leur créativité, leur attention aux autres ou leur sens de l'humour. Ce faisant, vous leur enseignez à voir les forces des autres aussi !

– Enseignez à vos enfants à être bons envers autrui. Interdisez toute moquerie ou commentaires négatifs à l'endroit des autres ainsi que toute violence physique.

– Aidez-les à respecter et à comprendre les différences en constituant pour eux un modèle de tolérance.

Mais par-dessus tout, il importe d'aimer nos enfants inconditionnellement, pour qui ils sont – et non pour ce qu'ils font ou disent. Après tout, c'est là leur droit le plus strict.

Choisissez l'une des suggestions ci-dessus et mettez-la en application quotidiennement. Vous aurez ainsi une influence appréciable sur les enfants de votre entourage. Il y a plusieurs années, je me souviens d'avoir eu une conversation avec un psychologue qui se spécialisait dans le traitement d'adultes qui avaient vécu des traumatismes durant l'enfance. Il m'avait dit que même si un enfant avait été élevé dans des circonstances terribles, le fait de rencontrer un seul adulte sain qui lui offre amour et soutien pouvait remettre la vie de cet enfant sur la bonne voie. Je n'ai jamais oublié cette conversation. Qui sait, vous pourriez un jour être cet adulte.

Votre héritage

Le programme décrit dans le présent livre constitue le coup d'envoi d'un processus de changement continu. Le travail ne s'arrête jamais et il en va de même des récompenses qui en découlent. À chaque étape de votre croissance personnelle, vous aurez à utiliser vos nouvelles aptitudes sur une toute autre échelle. Chaque fois que vous aurez besoin de vous rappeler que vous avez ce qu'il faut pour vivre pleinement votre vie, lisez les phrases suivantes :

1. Sachez qui vous êtes. Investissez dans une relation soutenue avec vous-même en demeurant branché sur votre vie intérieure.

2. Cessez de dissimuler votre pouvoir. Laissez vos pensées, vos paroles et vos actes exprimer votre essence réelle – vous à votre meilleur.

3. Affirmez-vous. Consolidez vos relations en disant la vérité avec courtoisie et amour.

4. Musclez votre courage. Faites face à vos peurs et profitez des situations difficiles pour devenir plus fort.

5. Ne visez que de ce qu'il y a de mieux. Maintenez vos critères spirituels à un niveau élevé de façon à ne jamais céder sur vos besoins et vos désirs.

6. Faites honneur à vos valeurs en faisant des choix qui gardent votre vie centrée sur ce qui importe le plus.

7. Reliez vos objectifs personnels à une vision plus large qui vous permettra de faire réellement une différence dans le monde.

Plus vous continuerez à utiliser ces aptitudes et plus vous connaîtrez la joie et la satisfaction profondes qui accompagnent la réalisation de votre mission divine – celle qui vous permettra d'actualiser votre potentiel maximal. Votre engagement à devenir une personne d'une trempe encore plus grande vous donnera le courage et la confiance de laisser un héritage qui contribuera à faire de ce monde un endroit où il fera mieux vivre pour ceux qui suivront. Que vous soyez un parent qui veut élever des enfants bons et généreux, le mentor d'un adolescent en difficulté ou le président d'une entreprise à l'écoute des besoins de sa communauté, votre contribution est tout aussi importante. En apportant votre soutien aux réussites des autres, vous arriverez à la fin de votre vie en sachant que votre présence et votre amour ont fait une différence. Croyez moi, il n'est pas de plus grande richesse. Votre capacité à laisser un puissant héritage repose sur votre engagement à effectuer ce travail intérieur – le travail qui vous permettra de mettre les pleins feux sur votre vie !

Ressources

Livres

The Voice of Hope, par Aung San Suu Kyi et Alan Clements (Seven Stories Press, 1998).

The Voice of Hope est la chronique d'une série de conversations s'échelonnant sur neuf mois entre Aung San Suu Kyi et le Britannique Alan Clements, expert sur la Birmanie et ancien moine bouddhiste. Ils parlent d'amour, de vérité, de pouvoir, de compassion, de la peur et de la façon d'y faire face ainsi que de la pratique bouddhique militante toute particulière d'Aung San Suu Kyi.

War Letters: Extraordinary Correspondance from American Wars, sous la direction d'Andrew Carroll (Scribner, 2001).

War Letters est un testament et un hommage aux héroïques contributions et au bouleversant souffle littéraire de simples soldats, *marines*, aviateurs et marins, ainsi que d'infirmières, de journalistes, d'espions et d'aumôniers de guerre. L'ouvrage constitue aussi une célébration de la puissance lyrique éternelle des écrits épistolaires.

The Rythm of Compassion, par Gail Straub (Tuttle, 2000).

Un merveilleux livre pour apprendre comment rendre service aux autres sans compromettre son équilibre personnel.

101 Ways to Help Your Daughter Love her Body, par Brenda Lane Richardson et Elane Rehr (Quill, 2001).

Un livre incontournable pour tous les parents qui élèvent une fille.

Sites Web

www.volunteermatch.org

Ce site Web a permis à des centaines de milliers de bénévoles de trouver un endroit où consacrer leur temps et leur énergie et, ce faisant, contribue à soutenir l'action communautaire dans tout le pays.

www.globalvolunteers.org

La prochaine fois que vous planifierez des vacances, pourquoi ne pas songer à faire du bénévolat au sein d'un projet communautaire quelque part dans le monde, et apprendre à connaître une nouvelle culture tout en rendant service à des personnes dans le besoin ? Global Volunteers envoie des équipes de bénévoles vivre et travailler avec des gens ordinaires dans le cadre de projets de développement humain et économique.

www.futurepossibilities.org

Un organisme sans but lucratif qui offre aux enfants des programmes de cours en dynamique de la vie un peu partout dans le monde.

www.worlddharma.com

Ce site Web a pour but de rassembler des personnes en recherche, des artistes et des militants de partout dans le monde afin de former une communauté ouverte vouée à l'exploration, par la créativité, la liberté et l'action sociale, du lien inséparable entre notre croissance intérieure et notre engagement dans le monde extérieur.

Organisations

Habitat for Humanity International
01295 264 240
www.habitat.org

Joignez-vous à d'autres pour aider à construire des habitations simples, décentes et abordables en partenariat avec des personnes recherchant un lieu de vie adéquat.

UK Youth
2e étage, Kirby House
20-24 Kirby Street
Londres EC1N 8TS
(020 7242 4045)
www.ukyouth.org

Un organisme caritatif de premier plan offrant des services bénévoles et des possibilités d'éducation informelle aux jeunes.

Australie

Big Sister Big Brother

Le but de ce programme est d'aider, en faisant appel à des bénévoles adultes, les jeunes à acquérir un sentiment de confiance en eux-mêmes et en leurs possibilités.

The YWCA Sydney
5-11 Wentworth Avenue
Sydney NSW 2010
www.bsbb@ywca-sydney.com.au
The International Voluntary Service
Old Hall
East Bergholt
Colchester
CO7 6TQ
01206 298215

Cet important organisme caritatif, établi depuis longtemps, gère un réseau de bénévoles œuvrant à divers projets au profit de communautés dans le besoin un peu partout dans le monde.

The International Coach Federation
www.coachfederation.org

La *International Coach Federation* (ICF) est la plus importante association professionnelle mondiale sans but lucratif composée de coaches offrant leurs services aux particuliers et aux entreprises ; elle décerne trois types d'attestations : « Professional », « Master » et « Internal Corporate Coach ». En 2001, l'ICF a lancé un programme de coaching bénévole mondial. Pour avoir plus d'information sur ce nouveau programme ainsi que sur la façon de procéder pour obtenir les services d'un coach, visitez le site Web de la fédération.

Fonds des Nations Unies pour l'enfance (UNICEF)
3 United Nations Plaza
New York, NY 10017
(212) 326-7000
www.unicef.org

L'UNICEF est mandaté par les Nations Unies pour promouvoir la protection des droits des enfants, pour les aider à satisfaire leurs besoins de base et pour leur donner la possibilité de réaliser leur plein potentiel.

À PROPOS DE L'AUTEURE

Cheryl Richardson est l'auteure de *Prenez le temps de vivre votre vie* et de *Reprenez votre vie en main* (Bantam Books), qui font tous deux partie de la liste de best-sellers du *New York Times*. Son travail a été largement couvert par les médias, notamment le *Today Show*, *CBS This Morning*, le *New York Times* et *Good Housekeeping* ; elle a également fait de nombreuses apparitions à la célèbre émission télévisée *The Oprah Winfrey Show*. Cheryl est coproductrice exécutive et animatrice de *Life Makeover Project with Cheryl Richardson*, émission diffusée sur le réseau Oxygen.

Pour de plus amples renseignements sur les groupes « Reprenez votre vie en main » de votre région, ou pour vous joindre à la communauté virtuelle de Cheryl, inscrivez-vous à son bulletin hebdomadaire en visitant son site Web, à l'adresse suivante :

www.cherylrichardson.com